# Eine Okkulte Physiologie

# 秘されたる人体生理

—— シュタイナー医学の原点 ——

ルドルフ・シュタイナー著

森 章吾訳

イザラ書房

# 秘されたる人体生理　目次

# 第一講

一九一一年三月二〇日

## 心構え「畏敬の念を持って自らを認識する」

1

この連続講演は、プラハの友人たちが発起人となって開催してくださいました。そのテーマは人間に深く関係し、人間本性についてより詳しく考察し、肉体の活動そのものを見ていくことです。このテーマは人間そのものですから、ある意味では非常に身近ですが、同時に、非常に近寄り難くもある、と言っても差し支えないと思います。あらゆる時代を通して、神秘主義的・オカルト的な高みからは、こう表現して差し支えないと思いますが、《汝自身を認識せよ》という要求が課せられてきました。このような要求があることだけを見ましても、現実に即した真なる自己認識は原理的に困難なことがわかります。つまり、個々人における自己認識が困難であるというだけでなく、一般としての人間本性を認識すること自体も困難なのです。…この《汝自身を認識せよ》という永遠の要求からもわかりますように…人間にとって、自己認識の道は本質的に遠く、長い道のりなのです。それゆえ、今日からの連続講演は、必要とされる予備知識も多く、あまり身近ではないかもしれません。私自身、長時間熟考いたしましたし、その成果が出ていなければ、このテーマを取り上げようとは思いませんでした。さて、このテーマで真実に向かおうとするなら、通常の学問ではしばしば無視されている事柄が不可欠になります。しかし、それ以上に必要なのは、人間の本性に対する…よく聞いてください、個々人の本性に対してではありませんし、ましてや私たちの一人ひとりに対してではありません…人間本性一般に対する畏敬の念なのです。そして、人間本性の真の意味に対する畏敬の念こそが、今日からの考察の基礎条件になっているとお考えください。

## 2

さて、人間本性に対し真の畏敬の念を持つには、どうしたらよいのでしょうか。まず対象は、自分たちでも別な人々でもどちらでもかまいませんし、その人の生活態度などもまったく問題にしません。むしろ、より高い見方に上る必要があるのです。つまり「人間とは、自分自身のために長い進化を経てそこにいるのではなく、霊性を開示すべく存在している。そしてその霊性は神的・霊的世界全体を包括しているので、人間とは宇宙神性、宇宙霊性の開示である」、と見るのです。森羅万象が神的・霊的諸力の表現であると認識するなら、神的・霊的なものそれ自身に畏敬の念を感じるだけでなく、その開示に対しても畏敬の念を感じることができるのです。より完全な自己認識を求めるのは人間の常ですが、この点に関しては以下の点をはっきり自覚しておいた方がよいでしょう。つまり自己認識とは、単なる好奇心や知的欲求からくるものではなく、人間における宇宙霊の開示を、常により完全に認識しようとする姿勢であり、そして、その姿勢を自らの義務と感じる必要があるのです。「認識が可能であるにもかかわらず無知にとどまるなら、それは人間の神的定めに対する冒とくである」とはそのような意味なのです。と言いますのも、私たちの内には、さらなる知へと向かう力が宇宙霊によって与えられていますから、認識を怠るならば…これは本来許されないことですが…宇宙霊からの力を表現していないことになります。つまりは宇宙霊の開示であることを自ら拒絶し、宇宙霊の開示からはどんどん遠ざかり、宇宙霊の戯画、歪画になっていきます。認識を求めることは、宇宙霊のより忠実な像となることであり、私たちの義務なのです。《宇宙霊の像となる》という言葉が一つの意味を持つとき、つまりこの言葉を「私たちは認識しなくてはならない、認識することは私たちの義務である」という意味と結びつけるときにはじめて、私たちは、人間本性に対する畏敬の念という要求を正しく感じ取れるのです。人間の生命活動や本性をオカルト的に観ようとするなら、人間本性に対する畏敬の念で自分を満たし尽くす必要があります。なぜなら、それによってのみ、霊的な目、霊的な耳、そしてあらゆる霊的観照能力、つまり人間本性の霊的基盤にまで達するための諸力が目覚めうるからです。人間本性に対する最高度の畏敬の念を持たない者、霊性の写し絵である人間本性に対する畏敬の念で自らの魂の最奥までを満たし尽くすことのできない者には、たとえ何らかの霊的秘密を見る目が開いたとしても、人間だけが持つ奥深い本性そのものを見る目は開かれません。周囲に存在する何らかのものを霊的に見ることができる見者は多いかもしれません。しかし、こうした畏敬の念を持ちませんと、人間本性の深い部分に入り込みそれを見る能力は得られませんし、人間本性についての正しいことは何もわからず、何も語ることができないでしょう。

## 3

人間の生命活動についての学問は《生理学》と呼ばれます。この学問を外的学問の言う生理学と同じだと思わないでください。これは霊眼に映る生理学で、人間の外的形姿、諸器官のフォルムや生命プロセスを、常にそれらの基礎にある霊的・超感覚的なものとの関係で見ていきます。これは《オカルト生理学》と呼ぶことができると思いますが、こう呼ぶからと言って、事実とかけ離れた話をしようなどという意図はありません。また、これまでこの分野にあまり親しんでこなかった人にとっては耳慣れない用語も出てきますので、そのときには随時、説明を加えたいと思います。この連続講演は、他の連続講演にもまして一つの全体をなしていまして、とりあえずは多くのことを脈絡を欠いたままにお話ししなくてはなりません。ですから、個々の講演、特に最初の数講演での内容を、全体との関連抜きで判断してしまうと問題が生じかねないことを強調しておきます。つまり、最後の講演を聴き終えたときに初めて、皆さんは内容に対して判断を下すことができます。と申しますのも、ここでは外的な生理学とはまったく異なったやり方をとるからです。はじめに語られることが最後に実証されるのです。言わば、終わりに向かって直線的に進むのではなく、円周をたどり、最後に出発点に戻ることになります。

4 ここで取り上げるのは、人間についての考察です。そこでまず目に付くのは、人間の外的なフォルムです。皆さんご承知のように、人間については素人的表面的観察から学問的研究まで、非常に多くの知見が明らかになっています。ですから人間について、外的観察や経験によってすでに得られている知見に加えて、素人的であっても自己観察や他者観察から得られる知見も取り入れなくてはなりません。さらには人間を、驚くべき方法、驚くべき装置で研究した学問的成果も加えなくてはなりません。

5 素人的視点や一般書の内容から判断しても、人間形姿には二重性が見られる、という言葉に驚くことはないでしょう。人間本性の深みを認識するためには、人間の外的形姿だけを取り出しても、そこには基本的に二重性が見られることを忘れてはいけません。

6 人間では、一方に生体内に完全に閉じ込められ、できうる限り外界から守られている諸器官がはっきりと区別されます。つまり、脳や脊髄などです。人間においては、脳・脊髄などは骨格に囲まれ安全に保護されています。これら二つの領域のものは次の模式図で表すことができます。ａは重なり合った椎骨（脊椎）で、これに沿って脊髄が走っていますし、ｂは頭蓋骨で、この重なった椎骨と頭蓋骨からなる閉じた管の中に脳や脊髄などの器官が封じ込まれています。この領域に属するものは、基本的にすべてが閉ざされた一つの全体をなしていて、そこから大

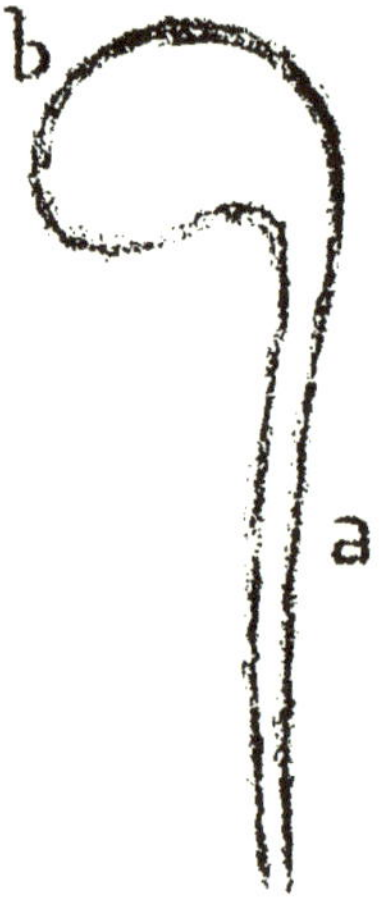


7

小の繊維状ないしは帯状のものが出ていて、それが頭部、体幹、四肢といった他の部分に…これは生理学的にさまざまな仕方で整理することができますが…連絡しています。このことは人間を観察したら否が応にも気付きます。骨格に覆われた内部とこれらの器官がつながるために、まず保護の覆いを通り抜けなくてはなりません。ですから、人間を単に表面的に観察するだけでも、そこには二重性が見られ、一方は今述べた骨格による固いしっかりとした保護の覆いの中にあり、もう一方はその外にある、と言うことができます。

さて、非常に表面的にでも、まずこの骨の内側にあるものを見てみましょう。ここでも次の二つは簡単に区別がつきます。一つは、頭蓋骨の中に収まった脳という大きな塊、もう一つは、脳から伸びる一種の繊維状の突起物として、その下に柄のように、あるいはロープのようにぶら下がり、脳と有機的につながり、脊椎管の中に収まっている脊髄です。物事の本質という深みを目指すオカルト的学問では、この二つの組織を区別するにあたって、通常の学問では注目されない事実に注意を向けなくてはなりません。つまり、オカルト的立場からの人間観察では、すべてが人間にのみあてはまる点です。個々の器官の深い基盤にまで踏み込んだ瞬間に…この連続講演の先へ進めばおわかりになりますが…動物と人間に相応の器官があるにしても、深い意味においてはその役割はまったく違いうることがわかります。通常の外的学問的に考える人は、「今あなたが言ったことは、哺乳類についてもあてはまる」と言うでしょう。しかし、一歩踏み込んで見るなら、動物における諸器官の意味を人間におけるそれと同列に語ることはできません。ここでオカルト的学問が行うべきは、まず動物をそのものとして観察し、その後で、それが人間の脳や脊髄で観察されることと一致するかを吟味することです。人間に近い動物は脳や脊髄を持ちますが、だからと言ってこれらの器官の役割が人間のそれと同じであることの証明にはなりません。例えて言うなら、一つのナイフで仔牛を切り分けたり髭を剃ったりできる、というのと同じです。どちらもナイフですから、ナイフという点だけを問題にすると、どちらも同じだろうと考えるのです。人間にも動物にも脳や脊髄という同じ器官が見られますから、それゆえに役割も同じだと考える人は、これと同じことをしているのです。しかしこれは正しくありません。外的学問ではこうしたことがあたり前のように通用していますが、これである種の誤謬に陥っています。これを修正することができるのは、これらの外的学問が、諸存在の特質について超感覚的探求が語る深い言葉に少しずつでも耳を貸すようになったときです。

百年以上前の学者たちによる脊髄や脳についての真摯なる観察結果は、現代の私たちが観察しても、その正当性を確認できます。観察結果から、脳は脊髄が変形したものらしい、とかなり正確に指摘しています。このことは、ゲーテ、オーケンなどの自然科学者が、頭蓋骨と椎骨が形態的に似ていると述べていたことを思い起こしてくだされば、納得しやすいでしょう。諸器官の形態的類似性に目を向けたのはゲーテでした。彼は研究の非常に初期に、椎骨を変形して頭部を構成する骨を導き出せることを見て取りました。つまり、骨の一部を平らにしたり、逆に強調したりすることで、椎骨を頭蓋骨に変形するのです。たとえば、椎骨を四方に膨らませ極端に扁平化させると徐々に頭蓋骨の形を導き出せるのです。つまり、ある意味で頭蓋骨は変形した椎骨とすることができます。脳を収納する頭蓋骨は変形した椎骨と見なすことができますが、それと同じように、脊髄の塊の一部を強調し、分化、複雑化させますと、相応の変形を経て脊髄から脳ができあがります。植物ははじめに緑の葉を出し、その葉を変形し分化させて色鮮やかな花びらを作り出しますから、花びらは分化した葉だと言えますが、それと同じように、フォルムの変形や分化、さらには段階を高めることによって、脊髄から脳を形成できるのです。私たちの脳とは、分化した脊髄と見なすことができます。

## 発達が進んだ器官、発達初期の器官

さて、この視点からこの二つの器官を見てみましょう。自然に考えて、どちらが発達初期の器官であるはずでしょうか。この点はどうしても考えておく必要があります。やはりそれは、後から導き出されたフォルムではなく、オリジナルのフォルムの方でしょう。つまり、脊髄は発達の第一段階で、脳は第二段階にあります。脳は脊髄の段階を経て、それが変容したものであり、より以前から存在する器官であるはずです。言い換えますと、脳と脊髄の二重性を考えるにあたって、脳の発達は二段階になっていて、まず第一段階で原器が脊髄になり、第二段階でそれが変形して脳になったのです。それゆえ、脳を形成した諸力はより以前からある、と言うことができるのです。現在の脊髄は、言わば二回目の出発から形成されています。そしてそれは次の脳段階に進むことはなく、その発達段階にとどまっています。これを教科書的に正確に表現しますと、「脊髄神経系においては脊髄第一段階秩序が見られ、脳では脊髄第二段階秩序が見られる。後者はかつての脊髄が脳へと変形したものである」、となります。

ここまでまず、骨格に保護されたこれらの器官を適切に捉えるにあたってどうしても必要な事柄を非常に正確に見てまいりました。ここで私たちをオカルト領域へと導く別な事柄も考えてみましょう。こう問うことができるでしょう。ある器官原器で再構築が行われるとき、その第一段階から第二段階への変化は前進的か後退的か、と。言い換えますと、より高次な完成された段階に導くプロセスなのか、それとも退化的で死に向かうプロセスなのか、です。そこでたとえば、脊髄を観察してみましょう。現状の脊髄は脳には至っていませんから、比較的発達が遅れた、生まれて間もない器官と見なせるでしょう。しかし、この脊髄の見方は二通りあります。この器官も脳になる諸力を内包している、と見ることもできますし、もしそうならこれは前進的発達です。もう一つは、この器官には第二段階へと至る原器はなく、荒廃へと、つまり第一段階を暗示はするものの、第二段階には進み得ないと見ることもできます。現在の脳の基盤となったのはかつて脊髄で、それが実際に脳となったのですから、当時の脊髄には明らかに前進的諸力がありました。この点について現在の脊髄をオカルト的観察法で観察しますと、そこには前進的に発達する原器は存在せず、この段階で発達が終わるように定められていることがわかります。…少々グロテスクな表現ですが、現状の細い紐状の脊髄が膨らんで現在の脳のようになることはない、と思ってよいのです。このように言えるオカルト的根拠は後で見ていきます。人間と動物の脊髄を純粋にフォルムだけで比較してみましても、今述べたことの外的な指針が得られます。たとえば蛇を見ますと、頭部の後方には、中に脊髄が通った環状の背骨が無数につながっています。背骨が変化もなく無限に続くかのように見えるのと同様に、脊髄もただ続いているように見えます。人間の脊髄では、脳と連絡した部分から下に向かって次第に消えていきます。実際に、下にいくにしたがって細くなり、上方で見られた明確な形が次第に不明瞭になっていきます。こうした外的観察だけでも、蛇では後ろに向かってどこまでも続いていくのに対し、人間では終点があり、ある意味で急速に退行している点に気付きます。これがまず外的な比較観察法です。これがオカルト的観察ではどう見えるかは、また後に検討しましょう。

これらをまとめますと、頭蓋骨には、前進的形成によって脳にまで、つまり発達の第二段階にまで到達した脊髄が封じ込まれている、と言っても差し支えないでしょう。そして、そうした脳をもう一度形成しようとする試みとも言えるものが脊髄の中にありますが、この試みは現段階ですでに成就しないことがわかっています。

## 脳・脊髄の役割と思考・反射・夢

12 ここで次に、脳や脊髄が果たすとされる役割に移りたいと思いますが、このことは素人でもよく知っています。いわゆる高次の魂的活動が脳によってコントロールされ、そのための道具が脳であることは、すでによく知られています。また、意識されにくい魂的活動、つまり、途中に考えが入り込む余地などなく、外界の刺激から直接に行為が喚起されるあの魂的活動が、脊髄などの神経の支配を受けていることも知られています。たとえば、虫に手を刺されますととっさに手を引っ込めますが、この場合、刺されたことと手を引っ込めることの間にしっかり考えてなどいません。この魂的活動の道具は、外的学問が正しく認識しているように、脊髄です。外界からの印象と最終的な行為の間に十分な熟考を伴う魂的活動は、これとは異なり、脳がそのための器官です。わかりやすい例として、芸術家を考えてみてください。自然を観察し、感覚を活性化し、無数の印象を集め、長い時間をかけてこの印象を魂の中で加工します。外界の印象から始まって、長い魂的活動を経て、最後に、それはしばしば数年後ですが、実際に手を動かし形にするのです。この場合、外界の印象と最終産物の間にたくさんの魂的活動があります。これは学者の場合も同じですし、赤を見て雄牛のごとくに突進するのでなく、自分が行わんとする行為について深く考えるなら、誰にでもあてはまります。反射運動を除く熟考を伴う行為の場合には、いかなるときも脳がその道具であると言えます。

13 このことをさらに詳しく掘り下げますと、脳を道具として使う魂的活動にはどのようなものがあるだろうか、という問いが生まれます。これには二通りあります。もう一つは後に述べますが、まずは昼間の覚醒時の活動です。このとき私たちは何をしているでしょうか。感覚を通して外界の印象を収集し、脳でそれについて理性的に考え、それらを加工しています。感覚を介して外界の印象が私たちの中に入り込み、脳内の特定のプロセスを活性化します。もし脳内の活動を覗き見ることができたら、外界の印象が注ぎ込まれることで脳が活性化し、熟慮の中で取り込まれた印象が次第に変容していく様子が見られるはずです。しかし、こうした印象の一部には、熟慮からの影響をほとんど受けないものが見られるはずです。そうした印象は、肉体的道具として脊髄を用いて行為に移されます。

14 さてここで、現状の人間が生涯交互に繰り返す二つの状態、つまり昼の覚醒状態と無意識の睡眠状態に目を向けなくてはなりません。これまでの講演でよくご存知だと思いますが、昼の間、人間の四つの構成体は一体ですが、睡眠中はアストラル体と自我が肉体・エーテル体から離れて出ています。しかしもう一つ、昼の覚醒状態と夜の無意識な睡眠状態の中間状態、両者が混ざり合った状態もご存知なはずです。つまり、夢の営みです。ここでとりあえずは、誰もが知っている夢の営み以上のことは取り上げません。ところが注目すべきことに、夢の営みは脊髄と結びついた魂の活動と似ているのです。表象は熟慮から生じますし、無意識にハエを追うときの手の動きは自分では止められない一種の直接的防御運動ですが、夢に現れる像は自分では内容を選べず、ある種の必然性があり、表象よりはハエを追う動きに似ています。ただ夢ではハエを追うときとは異なり、実際に身体を動かすところまでには至りませんが、自分では内容を選べない不可避的なものとしてはそれと同じで、直接的に像が魂に現れます。覚醒時に手に止まったハエを追い払うのに熟慮が入り込まないのと同じように、泡沫《うたかた》の夢の像にも熟慮が入り込むことはありません。ですから、覚醒時の人間を、内部で起きている現象は無視し外側からだけ観察しますと、しぐさや表情など、外界からの印象をきっかけに熟慮が挟まれない反射運動が見られる、と言えるでしょう。そしてまた、これらの行動には恣意を差し挟む余地がなく不可避的である、と。それに対し、夢状態の人間では内部で一連の像が活動していますが、これは行動にまでは移行せず、像の状態に止まっています。覚醒時には熟慮が挟まれない行為があり、夢ではそれと同じように、錯綜した夢表象という像の世界が人間の中に現れます。

15　さて話を脳に戻しましょう。脳が夢的意識の道具であるとするなら、これはどう考えなくてはならないでしょうか。無意識反射運動には脊髄が関係しましたが、脳内に脊髄と似た振る舞いをする何かが存在すると考えざるを得ないでしょう。私たちは脳を道具に覚醒した意識を持

ち、その意識の元でよく考え、表象を作り上げます。ですから、夢表象の基盤として、隠れた脊髄とも言うべきものが脳内に押し込まれているはずです。そしてその働きで行為には至らず像に止めているはずなのです。たとえ熟慮抜きでも、脊髄では行為にまで至りますが、脳におけるこの場合は像で止まります。言わば途中で止まっているのです。脳の中には、脊髄的特徴を持ったものが、無意識な魂的活動の隠れた基盤として押し込められているのです。やや風変わりなかたちではありますが、夢の世界はある隠されたものを暗示しているとは言えないでしょうか。つまり、以前に脳の原器として存在したあの古い脊髄を暗示している可能性はないでしょうか。脳は昼間の覚醒時に使われる道具として形づくられてきましたし、頭蓋骨から取り出したときの姿はよく知られています。しかし、覚醒時の意識がなくなったときに活動を始める何かがその中に閉じ込められているはずです。オカルト的に観察をしますと、夢の営みの道具である隠された脊髄が脳の中にあることが、実際にわかります。

16 模式的に示すとこのようになるでしょう（図の斜線部分）。脳は覚醒時の表象活動のためにありますが、その脳の中に、外側からは見ることのできない隠された古い脊髄が何らかのかたちで隠し込まれているのです。とりあえずは仮説的なお話ですが、この隠された脊髄は、人が眠り、夢を見ているときに活動し、またそれは脊髄のように活動します。つまり本人が恣意的に変えることができないかたちで活動しています。しかし、脳の中に封じ込められていますから、行為にまでは至らずに、単なる像、像的行為に止まります。こんな言い方ができるのは、夢において私たちは像として行為しているからです。夢の営みはこのように特異で風変わりで混乱していますが、それは、覚醒時の営みの道具である脳の奥に、ある器官が隠されていることを暗示してはいないでしょうか。そしておそらくは、その隠れた器官は脳の原器で、そこから脳が発達してきたことを暗示してはいないでしょうか。新しい形成物、つまり現在の脳が沈黙するとき、かつての脳の様子が現れます。つまり、この古い脊髄がヴェールを脱ぎ去り自らの能力を示すのです。しかしこの古い脊髄は閉じ込められていますから、行為にまでは至らず単なる像に止まります。

17 私たちの営みを観察するだけで、このように脳は二段階に分かれます。夢を見ることができる、という事実から、脳が目覚めた昼の営みの道具にまで発達する以前には、現在の脊髄の段階にあり、そこから一通りの発展を経てきたことがわかります。しかし、目覚めた昼の営みが沈黙しますと、古い器官が表に現れてくるのです。

## 脳と脊髄のオーラ

18 ここまでのお話だけでも典型とも言うべき事柄がわかりましたし、それは形態を外的に観察するだけでも証明できました。つまり、目覚めた昼の営みと夢の関係は、完成した脳と脊髄との関係と同じなのです。ここで一歩進めて見者の観察に入りますと、形態観察にさらに知見を加えることができます。人間本性の本質的な観察にとってオカルト的観照や霊眼はどのように役立ちうるのか、また頭蓋骨や脊椎内に閉じ込められた器官を観照するにはどのようなオカルト的研究がその基礎にあるのか、の二点については、また後で見ていきたいと思います。

19 目に見える身体は人間本性全体の一部に過ぎない、ということは以前にお話しいたしました。霊眼が開いたその瞬間に、人は次のような体験をします。つまり、肉体が超感覚的有機体の中に、大ざっぱに言ってしまえば人間のオーラと呼ばれるものの中に組み込まれ、閉じ込められているのを見るのです。ここではまずそれを一つの事実としてご紹介し、その正当性についてはまた後に触れようと思います。肉体を覆うこのオーラは、現れては消えるさまざまな色彩の構成体として見者の目に映ります。しかし、このオーラを描けると思ってはいけません。オーラの色は絶えず運動し、常に生成消滅していますから、これを普通の色彩では再現できません。雷も描いてしまったら固まった形になり、正確ではありませんが、オーラを描こうとした絵もすべてそれと同じで、どれも近似的に正しいだけです。雷を正確に描くことはできませんが、オーラを正確に描くことはそれ以上に不可能です。なぜなら、オーラの色彩は非常に不安定で絶えず生成消滅しているからです。

20 さて、オーラ的色彩は不思議な仕方で人間全体をさまざまに覆っています。そして、頭蓋骨と背骨を後ろから観察したときに見られるオーラ的像は興味深いものです。頭蓋骨と背骨、つまり脳や脊髄が埋まっている部分を後ろから見たときのオーラは、脊髄下部でははっきりとした基本色がイメージできます。それは緑なのです。頭の上部、つまり脳の領域の色もはっきりわかりますが、この種の色彩は他の身体部分ではまったく見られません。それは一種の青紫です。帽子かヘルメットのようにこの色が頭蓋骨上を後ろから前へと覆っています。

21 青紫の下側には、通常、あるニュアンスの色が見られますが、それをイメージしていただく

には、咲いたばかりの桃の花を思い浮かべていただければよいでしょう。この色と背骨の下方の緑がかった色合いの中間部、つまり背骨の中間部分には別な色が現れますが、この色彩は感覚界では見られず、形容し難く、特定できない色合いです。緑色の上に続く色は、緑、青、黄でもなく、この三つが混ざったような色です。このように、脳と脊椎末端の中間部の色は、物質的感覚的世界では現れません。その色を言い表すのは難しいのですが、それでも上方の言わば膨らんだ脊髄の部分は青紫で、背骨の一番下にははっきりと緑系の色彩が見られることだけは確かです。

今日は、まず人間形姿を純粋に外的に観察し、そこに霊能的研究によってのみ知りうる諸事実を結びつけました。明日は、人間身体の別な部分を、二重性というすでにご紹介した視点で観察し、人間構成体全体の様子がどのようになっているかを見ていきたいと思います。

## ■第1講

### 心構え「畏敬の念を持って自らを認識する」
第1段落

認識には人間身体への畏敬の念が不可欠である。

### 二重性
第4段落

骨の内外という二重性、さらに骨内には脳と脊髄という二重性が見られる。

### 発達が進んだ器官、発達初期の器官
第9段落

脊髄（前段階）が進化して脳（現段階）となった。旧脊髄は脳に進化可能で前進的、現脊髄は進化不可能で後退的である。

### 脳・脊髄の役割と思考・反射・夢
第12段落

| | 随意／不随意 | 像／現実 | 器官 |
|---|---|---|---|
| 思考 | 随意 | 像 | 脳 |
| 夢 | 不随意 | 像 | 脳内脊髄 |
| 反射 | 不随意 | 現実 | 脊髄 |

夢は像である点で思考（表象）に近く、不随意である点で反射に近い。したがって、脳内に脊髄的な部分があるはずである。

### 脳と脊髄のオーラ
第18段落

脳＝青紫、脊髄上部＝桃の花、脊髄中間部＝渾然一体で動く色、脊髄下部＝緑系

# 第二講

一九一一年三月二一日

## 生体を霊的なものの開示と見る

1 ここでは無常なるものの認識が目標で、そのために生体を外的に見てわかることを正確に捉えようとしています。しかしこれ自体かなり困難で、しかも考察を進めるとこうした困難と繰り返し出会います。それでも、まさにこの道筋を通って人間本性の永続的な側面、不滅で永遠なる側面へと導かれますし、それも間もなくわかります。しかし、私たちの考察の目標はあくまでも永遠なるものの認識ですから、昨日の導入の際に述べたことをきちんと守る必要があります。つまり、私たちがまず観察するのは外的肉体器官ですが、畏敬の念を持ちつつ、それを霊界の開示と見なすのです。

2 霊学的な概念や感じ方にはすでに馴染まれていると思いますので、「非常に複雑な人間生体とは、宇宙に渦巻く霊的諸力の意味深き開示である」と言っても不自然には感じないでしょう。言わば、外的なものから内的なものへと上昇していくのです。

## 3　血流におけるもう一つの二重性

昨日の話、つまり外的な観察からでも人間には二重性が見られる、という点は学者ならずも素人ですら認めざるを得ないでしょう。すでに昨日、人間本性が持つ二重性を大ざっぱに特徴付けましたし…これはさらに深める必要がありますが…頭蓋骨や椎骨に保護された部分を正確に見てまいりました。そこでは、脳や脊髄の外的な構造やフォルムを見るだけでも、予感的な展望が得られることがわかりました。つまり、昼の目覚めた営みと、とりあえずは何か怪しげに見える夢の営みの関係がそこに暗示されているのです。つまり、脳や脊髄の外的フォルムは人間の特徴的な部分を反映した開示と見ることができました。昼の目覚めた活動では物事を明確な輪郭と共に観察しますし、夢は混乱した像の活動です。そして前者には脳が対応し、後者には（脳内の）脊髄が対応しました。昨日は触れられませんでしたので、今日は大ざっぱにでも人間には他にも二重性がある点を見ていこうと思います。これから紹介する二番目の構成部分を表面的に観察するだけでも、脳と脊髄で観察されたこととは正反対の像が得られることがわかります。脳や脊髄は骨組織に覆われ保護されています。人体の他の部分では骨は生体組織の内側に形成されています。これもやはり非常に表面的な観察です。最も重要ないくつかの器官系を個別に見て、それらを昨日の知見と外的に比較するだけで、私たちは人間本性が持つ別な側面に深く入り込んでいきます。

4 ここではまず栄養器官系を考察しますが、さらには生体の中心器官、つまり心臓との関係も見ていきます。…一般的な意味での…栄養器官の役割は、一瞥してわかるように、周囲の地上界から素材を取り込み、生体内で活用するための準備です。この消化器官は口から始まり、管状に胃へとつながっています。表面的に見ても、食物がこの管を通って胃に運ばれ、不要な部分は排泄され、それ以外が消化器官を介して生体内に取り込まれます。…ここでは単純に模式的に説明しますが…消化器官内に達した栄養物を消化吸収するために、狭義の消化器官にリンパ系がつながっています。リンパ系とは身体全体に張り巡らされた管の集まりですが、このリンパ系は胃よりも先の消化器官にも連絡していて、消化器官で加工されたものを受け取り、さらに血液に渡します。こうして血管系という人間本性の第三の部分に到着します。これは身体全体を巡る大小の管で、その働きの中心に心臓があります。心臓からは動脈が出ていて、いわゆる赤い血が身体全体を巡ります。血液はそれぞれの組織でそれぞれの過程を経て、いわゆる青い血に変容し、静脈を経て心臓に戻ります。変容して使い物にならなくなった血液は心臓から肺に送られ、そこで外界から入ってきた酸素に触れてリフレッシュされ、別な血管を通って心臓に戻り、再び新たに身体全体へと循環していきます。

5 外的観察が直接にオカルト的考察に結びつくように、この複雑なシステムの中から、まず生体全体の中心システムだけに着目しようと思います。つまり血液…心臓系です。まず、使い古された血液が肺でリフレッシュされ、いわゆる青い血から赤い血に変化し、心臓に戻り、さらに身体各部に送り出される点を取り上げます。（黒板に描かれる。）すべてが非常に模式的な図だと思ってください。ちょっと思い出していただきたいのですが、心臓は隔壁で四つの小部屋に分かれ、下部にはやや大きい心室が、上部にはそれより小さ目の心房がそれぞれ二つずつあります。今日は心臓の弁については取り上げず、最も重要な器官の活動を模式的に捉えたいと思います。血液は左心房を経て左心室に流れ込み、大動脈から身体全体に流れ出します。この血液は分散し各器官にいき、そこで使われ、いわゆる青い血に変わり、右心房に戻り、さらに右心室から肺に送られリフレッシュされ、再び各器官へ循環します。

## 6

このイメージには、オカルト的観察法の重要な基礎が含まれています。心臓から出た大動脈はかなりすぐに分岐し、一方は脳へいき、身体上部の諸器官に栄養や酸素を届け、使い古された血液として右心房に戻ってきます。そして重要なのは、脳においても血液が多くの経過を経て、身体の他の部分を経たものと同様に変化を受けている点です。つまり、大循環から副次的小循環がすぐに分岐し、小循環は脳に向かい、大循環は他の器官に栄養や酸素を送っています。この事実は非常に重要なので、しっかり肝に銘じておく必要があります。なぜなら、これは正しい考えの基盤になりますし、オカルト的高みに上る土台となるからです。このように血液循環には上部に向かう小循環、さらには他の諸器官に向かう大循環がありそこに栄養や酸素を供給しています。ここで次の問いが重要になります。つまり、「小循環には脳が挟み込まれているが、大循環にもこの脳に相当する何かが挟み込まれてはいないだろうか」という問いです。…

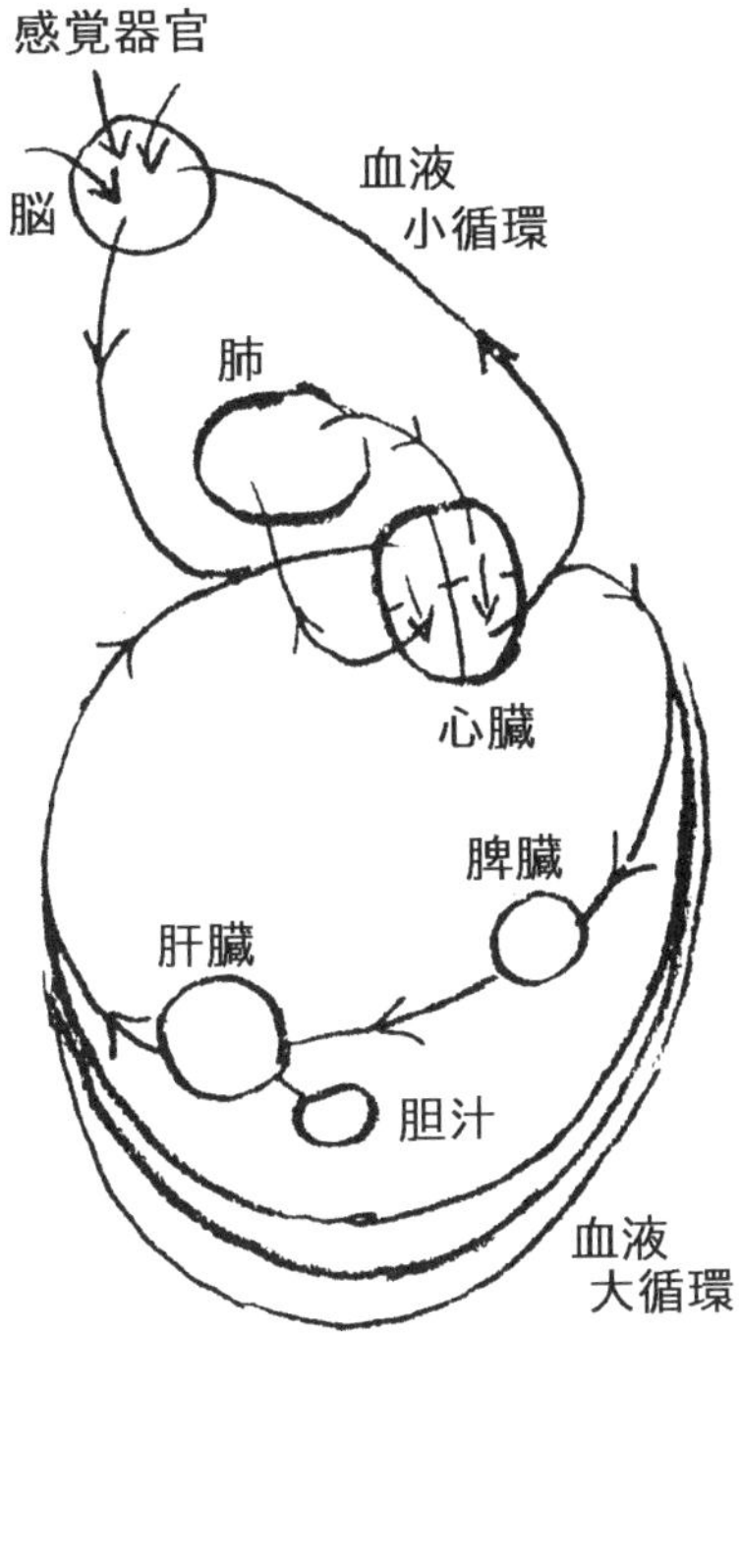


すると、外的表面的な観察によってもそれがわかります。つまり、大循環には、脾臓、肝臓、さらには肝臓によって作られた胆汁を含む器官が挟み込まれているのです。これらの器官はすべて、大血液循環に挟み込まれています。

7

外的学問では、これらの器官の役割をこう言います。胆汁が肝臓で作られ、胆道を通り消化管に流れ出し、食物の消化を助け、さらに消化された食物はリンパ系に取り込まれ、血液中に吸収される、と。しかし脾臓について、外的学問では正確なことをあまり言っていません。これらの器官では、まず生体のために栄養物を変容させる働きに目がいきますが、しかし、これらはすべて大血液循環に挟み込まれてもいます。これらは大循環に無駄に挟み込まれているのではありません。生体の構成素材は絶えず更新されていますから、血液はその素材の更新のために必要な栄養物を取り込まなくてはいけません。そしてこの三つの器官は、必要とされる栄養物の加工にかかわっています。ここで外的な観察から、これらの三器官が生体の全体的活動とどのように関連しているかを考えてみましょう。そのためにまず、上方の血液循環には脳が挟み込まれ、同様に下方の血液循環にはこれらの三器官が挟み込まれているという外的な事実に目を向けます。そして…まずは本当に外的観察だけで、それを深めるのは後にしますが…これらの三器官が、上部循環における脳や身体上部の諸器官と似た課題を担っている可能性はないかを吟味してみましょう。これはどのような課題でありえるでしょうか。

8

## 感覚知覚と栄養系の内臓が持つ対称関係

まず上部の器官を観察してみましょう。これらは外界の諸印象を受け止め、その受け取った素材を加工します。それゆえ人体の上部、頭部で起こっている事柄とは、外界の加工、感覚器官を通して外から得られた印象の加工である、と言えます。ですから本質的には、人間上部で起きることの原因とは、外界からの印象であると言えるでしょう。外的印象が人間生体の上部に作用しますと、その作用は血液を変容し、あるいは最低限、何らかのかたちで血液の変容に

## 9

関与し、その結果、血液は変容して心臓に戻って来ます。そして、変容しているという意味では、他の部分を流れてきた血液と同じです。ここで感覚器官を介して生体上部に働きかけるものと、脾臓、肝臓、胆汁という体内器官の働きかけには何らかの対応がある、とは考えられないでしょうか。生体上部は、外界に開きその作用を受け取ります。そして、上部に流れる血液が外界の印象を受け取るのと同様に、下方に流れる血液が下部諸器官から何かを受け取るのです。繰り返しになりますが、外界が感覚を介して生体上部に働きかけます。これらの印象が一つの中心に集約されると考えますと、肝臓、胆汁、脾臓からの作用もそれと似ていることがわかります。つまり外的印象を集約することと、外界からの素材を変容させることが対応するのです。さらに詳しく見ますと、この考えがさほど奇想天外でもないと思われるでしょう。

外界から入り込んださまざまな感覚印象が、言わば諸器官に集約され、体内で血液中に取り込まれると考えますと、生体上部で血液が受け取るものと、肝臓、胆汁、脾臓等の作用によって受け取るものとを対比できます。外界は諸感覚を取り巻いていますが、その外界が言わば一つの器官に集約され、体内に取り込まれます。このように一方では、感覚を介して外界が生体上部に入り込み血液に働きかけますし、もう一方では、マクロコスモスで生起する出来事を集約した諸器官を介して、何らかのかたちで世界が内側から作用し、血液に働きかけているのです。これを模式的に描いてみましょう。外界が四方八方から感覚に働きかけ、外界の印象がちょうど黒板に書き込まれるように血液に書き込まれると考えますと、これがその一方である人間の

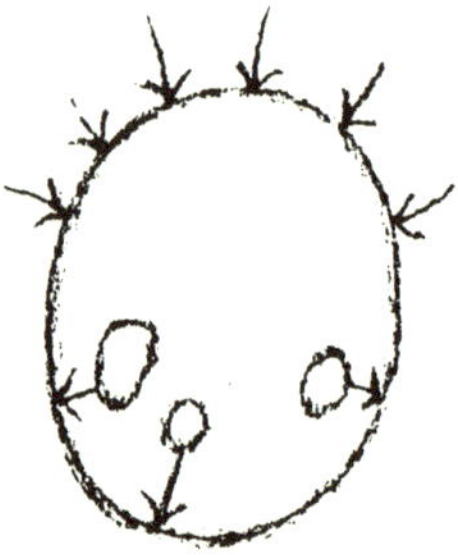

10

上部機構になります。ここで、世界全体がただ一つの器官に集約されると考えてください。さらに世界の抽出物を作り、内部に取り込み、世界全体がもう一つの側から血液に作用するとしますと、生体の内外を表現した非常に特別な模式図ができます。ですから、脳はある意味で胸・腹部内の内臓器官と対応し、生体内に外界を取り込んでいる、と言えます。

この内側の諸器官は下位の器官と言え、主に栄養プロセスの延長にありますが、神秘的で、こうした一連の諸器官には外界全体が集約されているかのようです。この肝臓、胆汁、脾臓をさらに詳しく観察しますと、血液の流れにまずはじめにかかわるのは脾臓だとわかります。脾臓は非常に変わった器官で、血液を多く含む色の濃い組織があり、その中に白っぽい小顆粒が多数あります。脾臓と血液の関係を観察しますと、脾臓はあたかも血液を濾し取る篩《ふるい》で、それ自身は、マクロコスモスが皺だらけに縮んだ一部であるかのような様相を見せています。血液は、次の段階で肝臓と関連し、さらに肝臓は胆汁を分泌し、胆汁は特別な器官に貯蔵され、食物と一体となり、変容した栄養物と共に血液に入ります。

## 11　内臓と惑星の対応

血液は体内でこの三器官の作用を受けますが、それは脾臓、肝臓、胆汁という順以外にはありえません。ただし、胆汁と血液の関係は非常に複雑です。胆汁は栄養物の中に分泌され、それを変容するので、これは特別な器官と見なされます。代々のオカルティストたちは確たる根拠を持ってこれらの諸器官に特定の名前を与えてきました。ここで皆さんにお願いなのですが、とりあえずはこの諸器官の名前が大宇宙と関係する、とだけお考えになって、それ以上のことはお考えにならないでいただきたいのです。なぜこうした名前になったかは、また後で見ていこうと思います。血液にかかわる最初の器官は脾臓ですから…外的に比較するだけで言えますが…太陽系外から近づいて来て最初に出会う惑星が関係するはずです。それゆえ、かつてのオカルティストたちは脾臓をサトゥルヌス、あるいは人間内の土星と呼んだのです。同様に、肝臓は内的な木星、胆汁は内的な火星とされました。これらの名前が選ばれているのは、とりあえずは以下の仮定によるとだけお考えください。つまり、これらの諸器官には知覚で捉えうる外界が集約されていて、言わばそれが内的宇宙となっていますが、それはちょうど外界が諸惑星として現れているのと同じだと仮定するのです。このように、外的な宇宙は感覚で捉えられ、外から血液に働きかけるのと同様に、内的宇宙も血液に作用を及ぼす、と言えるでしょう。

12
ここで、血液に内的宇宙のように作用する諸器官と、昨日、特別な性質を持つとお話しした脳との間に、決定的な違いがあることに気づきます。つまり、人間は下部器官での出来事をまったく自覚しないのです。外界の印象が人間の意識に達するのとは対照的に、内的宇宙…言い換えると内的惑星ですが…の影響には、まったく気付かないのです。ですから、この内側の宇宙はある意味で無意識の世界と見なすことができ、それは意識的な世界である脳の営みと対極にあります。

## 器官と人間の構成要素

13
この意識・無意識である点がどこから来ているのかをより詳しく説明するには、補助的に他の事柄を考えに入れる必要があります。ご存知のように、外的学問によれば、意識のための器官は神経系やそれに付随する器官です。さて、ここでオカルト的考察の基盤としてある事柄を考慮しなくてはなりません。それは今日模式的にお話ししたことと関係しますが、血液系に対する神経系のある種の関係です。それを考えますと、神経系はあらゆるところで血液系と何らかのかたちで関係し、血液が至るところで神経系に迫っていることがわかります。ここで私たちは、外的学問が当然と考えていることを考えに入れなくてはなりません。外的学問にとっては、意識活動や意識的な魂の活動すべてが神経系で制御されている、というのはあたり前です。…初めにおおよそのことをお話ししておいて、後にその根拠を述べようと思いますが…しかしこれではオカルティストの知見までは意識されていません。つまり、神経系とは意識のための基盤に過ぎないのです。と言いますのも、人間の生体には神経系が組み込まれ、これが血液系と接触するか、ないしは最低限何らかの関係を持っています。そしてこれには人間の構成要素としてアストラル体と自我が対応しているのです。外的な観察からもわかりますが…またこれについては多くの講演の中で触れてきました…ある意味で、神経系にはアストラル体が開示していますし、血液には自我が開示しています。自然界の生命を持たない領域を見ますと、そこには岩石や鉱物など、物質体しか持たないものがあります。そこから生体領域に上りますと、そこには生命現象の原因が内在するはずですから、エーテル体あるいは生命体が浸透していると考えなくてはなりません。外的学問はこのエーテル体を単なる思弁的なものと考えていますが、霊学ではそうは考えません。この点は後にまた詳しく見ていきます。霊学で言うエーテル体とは、霊眼によって実際に見えるもの、つまりリアルなものであり、外的な物質体の根底にあるものです。植物を観察するなら、そこにはエーテル体が存在すると考えなくてはなりません。植物から、知覚能力を持つ存在、つまり動物に上っていきますと、そこには植物とは違う知覚や内的体験といった要素があります。動物は単に生命活動を行うだけではなく、植物は行うことができない知覚ができますから、そのための何かが組み込まれていなくてはなりません。

生命活動だけでは内面化もできませんし、知覚も点火せず、内的体験も持ち得ません。それらを可能にする、動物が持つその何かとは、アストラル体であるはずです。そして、神経系は植物には存在しませんから、神経系はアストラル体の外的表現、アストラル体の道具であるはずです。アストラル体は神経系の霊的な原像なのです。アストラル体と神経系の関係は、原像とその現れ、原像と似像の関係です。

14

さて、ここで観察の目を人間に向けてみましょう。…昨日お話しいたしましたように、オカルティズムの中では、さまざまなことを支離滅裂にしてしまう外的学問の見方はよくないと考えていますから…人間の諸器官を観察しようとするなら、常に次のことを念頭に置いていなくてはなりません。つまり、人間の器官系を観察するにあたっては、たとえ動物にそれと類似の器官があっても、それと比較してはいけないのです。人間では、魂の中心とされる自我の外的道具は、血液と見なされました。血液が人間自我の道具であるなら、神経系はアストラル体の道具です。神経系は、生体内で何らかのかたちで血液に関係しますから、それと同じように、表象、感受、知覚などの魂の内的体験は何らかのかたちで自我と関係します。神経系は、人体内で非常に多様に細分化しています。内側の神経束には、聴神経や顔面神経などがつながっています。つまり神経系は生体全体に広がり、非常に多様に細分化し、非常に多様なありようをしています。生体全体を流れる血液に目を移しますと、血液は生体内で一体なるものと言えます…ここでは赤い血液から青い血液への変化は考えないことにします。このように、一体なるものである血液と、細分化したものである神経系とが相対しますが、その関係は、自我と、表象、感受、意志衝動、感情などの分化した魂の営みとが相対する関係と同じです。…まず比較でお話しいたしますが…より細かく比較しますと、原像である自我とアストラル体との関係が、似像であり道具である血液と神経系との関係に非常によく対応していることが、さらに明確になるはずです。さて、血液はどこにあっても血液であるにしろ、生体を流れていく間には変化します。この血液の変化は、さまざまな魂活動に伴う自我の変化と並行していると見なすことができます。私たちの自我もまた一体的なるものです。誕生から死までの営みを考えるなら、五歳のときも六歳のときも、私はここに居て、昨日も今日も、私は同じ私である、と言えるでしょう。しかし、私の中に息づく自我を見ますと、その内実は、量の多寡《たか》はあるにしろ、自我と接触するアストラル体が関係する、表象、感受、感情などの総和です。一年前、私たちの自我は別なものに満たされていましたし、昨日の内容と今日の内容は違います。つまり自我は、魂の内容すべてと接点を持ち、すべてを貫いています。血液が身体全体を流れわたり、さまざまに分化した神経系と触れ合うのと同じように、自我が、表象、感情、意志衝動などの魂の細分化した営みと触れ合っているのです。血液は自我の似像、神経系はアストラル体の似像と見なせますし、これらの超感覚的構成要素は、肉体と結びついたエーテル体よりも高次であるとも見なせます。そして、それが正当であることは、前述の単なる比較観察からもわかります。

ここで思い出していただきたいのですが、血液は今簡単に述べたようなやり方で体内を流れ、一方では外界に自らを差し出し、ちょうど黒板のように外界の印象をそこに受け止め、もう一方では内的世界にも自らを差し出します。そうです、それは自我も同じです。まず、私たちは自我を外に向け、外界から印象を受け取ります。自我の中で千差万別な内容が生じ、自我は外界から来る印象に満たされます。自我が、言わば自分自身にとどまる瞬間も存在します。そのとき自我は、痛み、苦悩、楽しみ、喜び、内的感情などなどに浸りきり、さらには記憶というかたちで、眼前にある外的印象とは別種のものを掘り起こします。このように、自我と血液とは並行しています。つまり、ちょうど黒板のように、自らを、まずは外界に向けて身をさらし、さらに内側の世界にも身をさらしています。このように自我を模式的に示すと、それは血液の模式図と同じになります。まず、外界のリアルな出来事は血液での過程に結びつきました。それと同じように、外的印象から作られる表象、つまり魂的要素は自我と結びつけられました。つまり、魂内の事柄や身体的な営みを、それぞれ自我や血液に結びつけることができるのです。

## メディテーションでは神経と血液が離れる



この視点から、血液と神経の共同作用や相補的・対立的作用を考えてみましょう。たとえば目を外界に向けますと、色彩、光の印象など外界からの印象が視神経に働きかけます。目を外界に向けているときだけ、外界の印象が視神経、つまりアストラル体の道具に働きかけると言

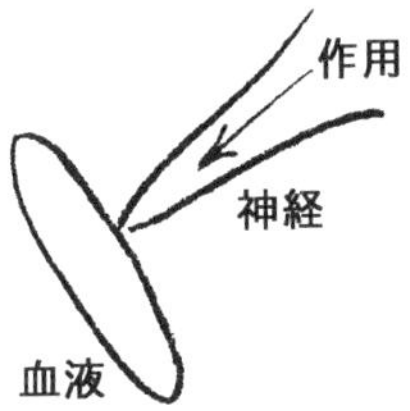


えるでしょう。そして、神経と血液が関連し始めた瞬間に、見る過程にあることが並行します。見る過程に並行して、魂の営みとしての多様な表象が自我と関連し始めるのです。外から神経を介して入り込んでくるものが、神経付近を流れる血液とどのように関係するかを考え、神経と血液の関係を模式的に表現したいと思います。

生体観察から出発して人間本性をオカルト的に捉えるためには、この関連は非常に重要です。したがって、「日常生活では、外界からの作用は、神経を介し、あたかも黒板に書き込まれるように、自我の道具に書き込まれる」と言えます。さてここで、血液と神経を人工的に切り離すと仮定しましょう。人工的に神経の働きを血液から引き離し、相互作用を止めるのです。二つの部分を離して描くと、模式図はこうなります。これなると神経と血液の相互作用は止まります。可能性としては、神経に何の印象もやってこないという状況もあります。また、たとえば神経を切断すれば、こうした状況を作り出せます。何らかの方法で神経を切断し、印象からの作用が神経にまったく届かないようにしますと、神経を介した経験が失われても不思議ではあ

りません。ここで、神経と血液の関係が断たれているにしても、何らかの印象はやってくる、と仮定してみましょう。たとえば神経へ電流刺激を与えると、外的にこれを実験できます。ここでは、こうした神経への外的介入は取り上げません。別な方法で、神経が血流に作用できない状態を作り出すこともできます。特定の表象、特定の理念や知覚や感情によって、人間生体をこうした状態にすることができます…また実際に行われてもいます…。そのための表象は以前に体験し身に付けたものですが、この実験を成功させるには、高度にモラル的、知的な表象が望ましいでしょう。たとえば深い意味を持つ図像を表象します。これを高度に内的に集中して練習しますと、言わばそれで全神経を完全に使い切ってしまい、それによって神経を血流から引き離すことができます。目覚めた意識の元で、通常の外的印象がそのままのかたちで私たちに作用する際には、当然ながら神経と血流がつながっています。しかし、鋭い内的集中によって外的印象から身を離してしまいますと、意識内でのみ生ずるもので魂が満たされます。意識の内容で神経を完全に使い果たし、それによって神経活動を血液活動から引き離します。そう

した内的集中によって…それが十分に強いと…神経と血液の間のつながりが分断され、何らかのかたちで神経が、血液から、血液をその道具とする何かから、つまり通常状態の自我体験から、離れるのです。実際にそうなります…実験的にも完全に示すことができます…。高次の世界への導きとなる霊的修行によって、つまり鋭い一点集中によって、神経系全体をしばらくの間、通常状態の血液系や、それが果たす自我にとっての役割から切り離すことができます。するとある決まった結果が生じます。つまり、それまで神経系はその作用を血液という黒板に書き込んでいましたが、今度は受け取った作用を自分自身にはね返し、自分自身の中に受け止め、それを血液に伝えなくなります。純粋に内的な集中によって、言わば血液系を神経系から分離し…像的に言えば…通常は自我に流れ込んでいたものを、神経系へ逆流させるのです。

内的な魂の活動によって実際にこのように働きかけますと、まったく別種の内的体験が生じ、さらには自らが立つ意識の地平が根底から変化する、という非常に特別なことが生じます。通常の状態で神経と血液が相互に作用していますと、外界の印象は自我に結びつきます。通常、人間は自我の中に生きています。しかし、内的集中、魂の内的活動によって神経系を血液系から切り離し、神経系の作用が血液系に及ばないようにしますと、その通常の自我の中では生きなくなります。そのときの人間が自分自身として捉えるものは、以前と同じ意味での《自分》とは呼べません。そのとき人間は、構成要素の一つを完全に意識的に自分から引き離したかのように、自分が自分の血液系から離れたかのように見えます。通常では見えない何か、つまり超感覚的な何かが神経に働きかけますが、それは血液という黒板には写し取られませんし、通常の自我には何の印象ももたらしません。人間は、血液系全体から切り離され、そこから持ち上げられ、言わば生体から遊離したように感じます。このときには、アストラル体の作用領域から自我を意識的に切り離しているのです。それ以前は、神経活動が血液系に写し取られていましたが、この状態ではその活動がはね返されて神経自体に戻されています。このとき人間は別なものの中に生きています。そこでは別な自我の中に居るように感じます。以前は予感に過ぎなかった何か別な〔マクロコスモス的な〕自我の中に生きていると感じます。ある超感覚的世界が立ち上がり、入り込んでくるのを感じます。

19 外的印象を取り込む神経系と血液との関係をより正確に模式図にしますと、次のようになります。次の図で、外的印象を取り込む神経系と血液との関係をより正確に示します。

20 もし外的印象、外的体験が流れ込んでいますと、それは血液系に痕跡を残します。神経系を血液系から引き離しますと、すべてが神経系内ではね返され、それ以前は想像もできなかった一つの世界が言わば神経系の端にまで流れ込んできます。そしてそれは、反動のように感じられます。通常の意識状態では世界が、受け取られ、血液系にまで入り込み、あたかも黒板のようにそこに書き込まれます。それに対しこの状態では、人は印象と共に神経の終末点まで、神経自身に抵抗があるところまでしかいきません。この神経の終点で言わば反転し、自らから離れて超感覚的世界に生きるのです。目で受け止められた色彩印象は視神経に入り込み、血液と

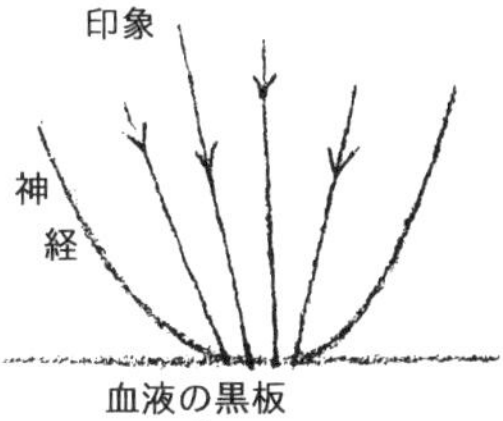


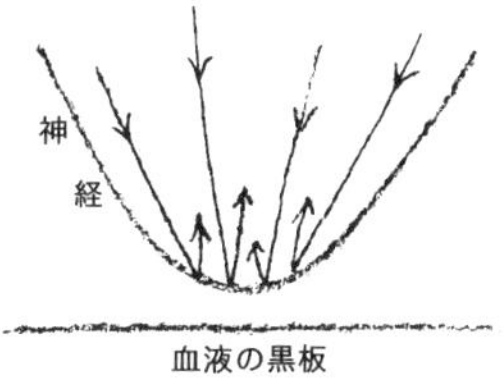


いう黒板に刻印され、「私は赤を見る」と表現されるものを私たちは感じ取ります。しかし、印象と共に私たちが血液にまではいかず、神経の終末点で止まり、そこで反転すると仮定しますと、私たちは基本的に視神経までを生きていることになります。体的表現である血液の前で反転し、私たち自身の外側で生きます。通常なら、《赤》という印象を私たちの内に作り出す光の放射そのものの中に、入り込むことになります。通常ほどには内側に深くは入り込まず、神経の終点で止まることによって、私たちは現実に自分自身から出ていくのです。魂の営みの中には、肉体的人間にとっては外的なものと感じられ、長くは一体化できないものがあります。ところが、そうした魂の営みが活性化するのです。通常の意識は血液にまで達します。しかし、魂を発達させ、神経の終末点で引き返しますと、血液をいわゆる高次の人間から切り離し、私たちが自分自身から離れることで到達しうる地点に達することができます。

　ここでの考察では次のことがわかりました。血液系は一種の黒板になぞらえることができ、一方では外からの印象に、もう一方では内側からの印象に自らを差し出していて、この段階ではまだ高次の人間は閉め出されている点、さらにはこの状態から発展し、自分自身から離れ、通常の自我の影響から離れることで、高次の人間と呼ばれるものに到達できる点です。この血液の内的本性をすべて研究するためには、一般的見解をあちこち見るのではなく、人間のリアルな部分、つまり超感覚的な不可視な部分を観察するのが最もよい方法ですし、私たち自身、そうした超感覚的なものへ上ることができるのです。超感覚的人間そのものが血液にまで入り込んでいる様子を観察しますと、一歩進んで次のように考えることができます。人間は外界において生きることができ、外界全体に自らを注ぎ出すことができ、外界の中に解消することができ、そして、言わば自身の内的本性を、言わば外から見る立場をとることができる、と。高次の世界とは、そこに人間が自ら上ることもできますし、それを正確に知ることもできます。それでは、この高次の世界は血液という黒板にどのように書き込まれるのでしょうか。簡単にまとめますと、この問いに答えることで、血流に組み込まれた諸器官の働きも知ることができるのです。このすばらしき器官系と、より高次の世界との関係をじかに観察いたしますと、非常に多様な営みを行うこの血液が人間の中心であることがわかるのです。なぜなら、私たちの課題は、人間を超感覚的なものの開示と捉え、外的人間とは霊的世界にルーツを持つ人間の写し絵と見なせるようになることだからです。それによって、人間生体を、霊性の忠実な写し絵として認識できるのです。

## ■第2講

### 生体を霊的なものの開示とみる
第1段落

感覚知覚できるものは、すべて霊性（精神）の開示である。

### 血流におけるもう一つの二重性
第3段落

血液の体循環と肺循環の二重性を指摘。さらに体循環では大動脈がすぐに分岐し、頭部への循環（小循環）と、脾臓、肝臓、胆汁への循環（大循環）の二重性が見られる。その後、こちらを考察。

### 感覚知覚と栄養系の内臓が持つ対称関係
第8段落

頭部への小循環では、外界の印象（マクロコスモス）が血液に刻印される。内臓への大循環でもそれに対応する何かがあるはずである。

### 内臓と惑星の対応
第11段落

オカルト的伝統では、脾臓＝土星、肝臓＝木星、胆汁＝火星とされてきた。

### 器官と人間の構成要素
第13段落

意識、つまりアストラル体は周囲に向かって拡がっていく。神経系もまた末端に向かって分岐している。また自我は、思考、知覚、感情、意志を統合し、内界外界も体験し、同一性を保ちながら変化する。この点は血液も同様である。

### メディテーションでは神経と血液が離れる
第16段落

通常、外界の知覚は神経を介して血液（自我）にまで伝わる。しかし、メディテーションで何らかのイメージに集中し、神経系を血液から離し、知覚が血液に伝わらないようにすることで、人間は高次の世界に参入することができる。

# 第三講

一九一一年三月二二日

## メディテーションについての補足

1 この最初の三日間では、生命や人間本性について考える上での問題点を、一般的な観点から位置付けます。ですから、今日までいくつかの重要な概念を取り上げましたが、詳しい話を後回しにしていますので、若干、宙に浮いたものに感じられているかもしれません。まず全体を仮説的にでも展望し、その後で仮説に根拠を与えていく方がよいので、まず人間をオカルト的にどう観るかを大づかみにし、その後で仮説に深い根拠があることを示そうと思います。

2 昨日の講義の最後で、そうした根拠をすでに一つご紹介しました。特定の魂的修練、つまり思考や感受を強く集中させることによって、通常とは異なった生命状態を作り出しうることをお話ししました。通常の生命状態における特徴の一つは、意識が目覚めている際には神経と血液が密接に結びついている点でした。これを定型的に表現するなら、「神経を介する事柄は、血液という黒板に書き込まれる」と言えます。魂的修練によって、神経を極度に緊張させ、その活動が血液にまで達しないようにし、この活動を神経自体にはね返させるようにします。血液は自我の道具ですから、知覚や思考の集中を行っている人間は、あたかも神経が血液から分離し、通常状態の自分の構成要素から切り離され、あたかもそこから遊離し、それと対置しているように感じ、この構成要素に対し、「これは私だ」とは言えず、「これはお前だ」と言いうるようになります。あたかも地上界で他人に接するかのように自分自身と向かい合います。霊視中の人間の生命状態に少しでも入り込みますと、こう言えるはずです。「この人は、より高次の構成要素が、魂的営みからはみ出しているように感じている」と。それは、通常の意識で外界と向かい合っているときの感情とはまったく違います。通常の生活では、外界の物体や生物、つまり動物や植物などを他者と感じ、自己存在はその外側にあって、それらと並び立っているように感じます。目の前に花があるときには、ご承知のように、「花はそこにあり、私はここに居る」と言えます。しかし、先ほど述べたやり方で主観的自我から身を離し、神経系を血液系から切り離すことで霊的世界に上りますと、状況が一変します。そうなりますと、「目の前に他者があり、私たちはここに居る」とは感じません。そうではなく、他者が私たちに入り込んで来て、それらと一体になったように感じるのです。ですから、このように言うことが許されるのでしょう。私たちは霊界と常に結びついてはいますが、通常の生活ではそれと直接に出会うことはなく、神経系を介し、感覚印象という回り道をして出会っています。しかし、霊視能力を身につけると観察力が向上し、霊界の様子を直接に見知るようになるのです。

3
この通常の意識では見えない霊界は、血液という黒板に、つまりは個としての自我に書き込まれてはいます。ですから、こう言って差し支えないでしょう。私たちを取り巻く外的感覚世界のルーツはすべて霊界にあり、この霊界は、通常は感覚印象に織り込まれ、ヴェールを通してしか見ることができない、と。通常の意識ではこの霊界は見えません。個的自我という地平にそれを覆うヴェールが広がっているのです。その自我から解放される瞬間、通常の感覚印象も消えてなくなります。こうして私たちは霊界に上り、そこで生きますが、これは感覚印象の背後にある霊界そのもので、これと一体になる際には、神経系を通常の血液系から引き離しています。

## 知覚と内臓三器官の対称性

4
ここまでの考察では、外界の刺激が神経を介して血液に伝わる活動をたどりました。また昨日は、人間の純粋に肉体的な内臓器官だけを見ても、そこにコンパクトに押し込まれた外界を見ることができること、つまり、人体内には外界が押し込まれていて、それが肝臓、胆汁、脾臓であることをお話しいたしました。こんな風に言えるでしょう。血液は、生体上部つまり脳に流れ込み、そこで外界に触れます。…それが起きるのは、外界からの感覚印象が脳に働きかけているからです…。それと同じように、血液が腹部を流れるときには肝臓、胆汁、脾臓とも関

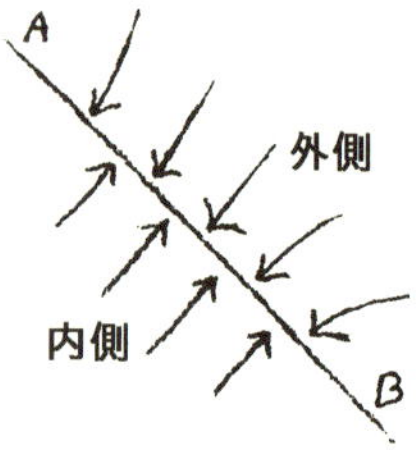


係しますし、私たちはこれらの臓器についても見てきました。これらの諸器官においては、血液は外界と接触することはありません。外界とつながった感覚器官とは異なり、四方をすべて囲まれ、体内に閉じ込められ、その営みは完全に体内だけで展開されます。これらの諸器官も血液に作用しますが、その作用の仕方はそれぞれ異なります。肝臓、胆汁、脾臓は目や耳とは違って外界の印象を受け取るわけではありませんから、外界からのきっかけで血液に何らかの作用を及ぼすことはありません。これらの臓器は、言わば内に押し込められた状態で作用し、これは「内面化された外界が人間の血液に作用する」と表現できます。模式的にこの斜線ABを血液の黒板としますと、上からのこの矢印は外界からやって来てそこに書き込まれ、下からの矢印は内側からそこに書き込まれます。あまり格式ばらずに表現するなら、「頭部やそこを流れる血液を観察すると、そこには感覚器官を介してやってきた外界が描き込まれるが、そこで脳が血液を変化させる働きは、内臓器官が血液を変化させるのと同じである」と言えます。こ

の肝臓、胆汁、脾臓という三器官は、別な側から血液に働きかけますから、こう描こうと思いますが、そうすると血液がこれらを順に流れているようになります。内臓器官からの作用や放射を血液が受け取り、内臓の内的営みが自我の道具、つまりは自我に表現され、それは外界の事物が脳の営みに表現されていることに対応しています。

ここで、内臓からの作用が血液に及ぶには、それを介するある何かが存在することは、私たちにとっては明らかなはずです。神経と血液の相互作用があってはじめて、血液に作用が及び、

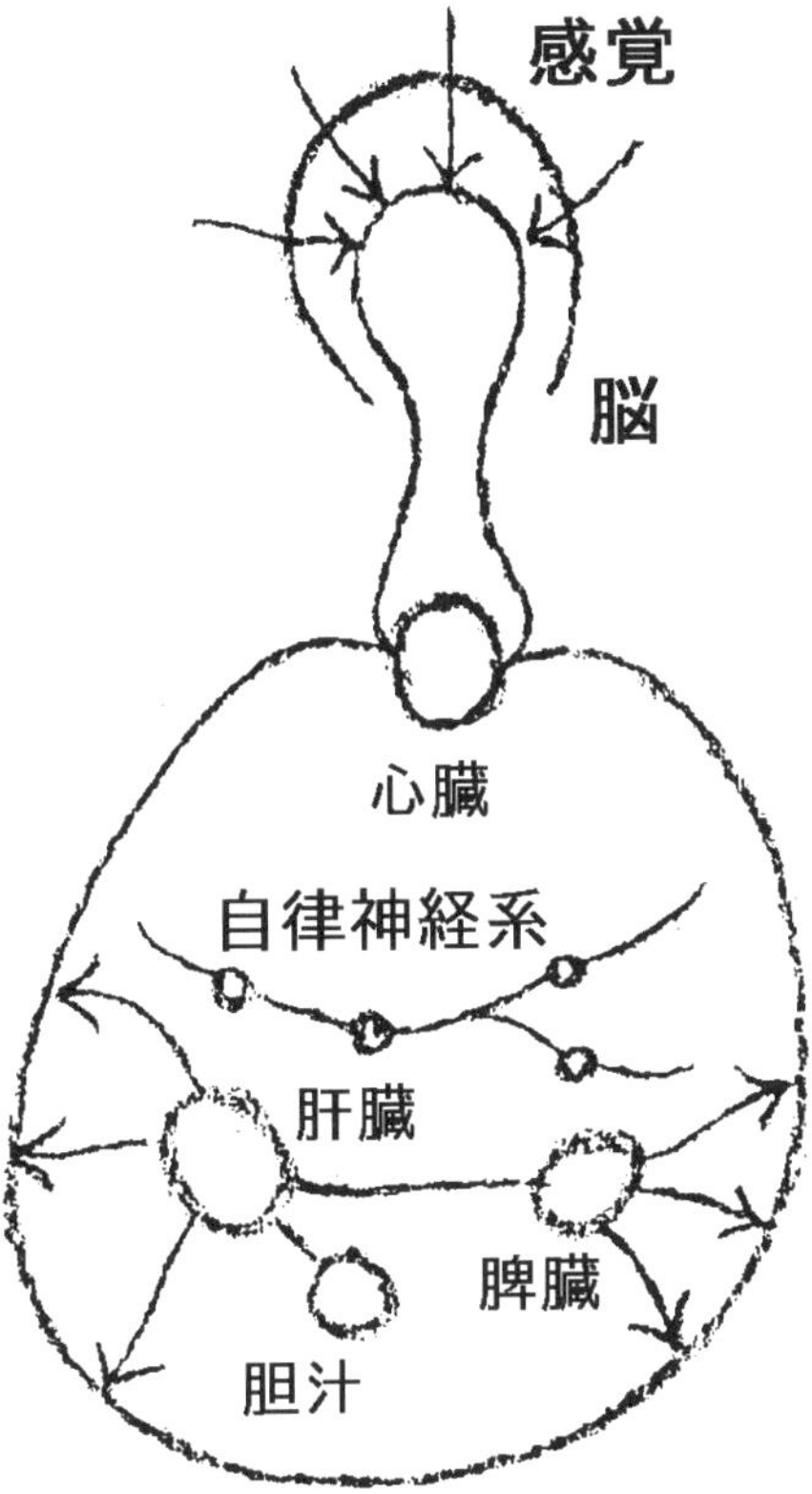

そこに何かが書き込まれうる、という話を思い出されるでしょう。内臓器官の側から何らかの作用が血液に及ぶとするなら、人間の内的宇宙とも言えるものが血液に働きかけるとするなら、血液とこれらの器官の間には神経系に類するものが挟み込まれているはずです。内的宇宙が血液に作用するために、まず神経系に働きかけることができているはずです。

6

## 脊髄神経系と自律神経系の対称性

人間の下方と上方を単純に比較してみますと、内臓器官と…その代表が肝臓、胆汁、脾臓です…血液循環との間に、上部での神経系に相当するものが挟み込まれていなくてはならないことがわかります。ここで外的観察を調べますと、この三器官には現実に自律神経系と呼ばれるものがつながっていることがわかります。これは体腔に張り巡らされ、脊髄神経系と相同な働きをします。つまり、脊髄神経系は外の大世界と血液循環をつなぎ、自律神経系は人間の内界と血液循環をつないでいます。この自律神経系はまず背骨に沿って伸び、そこから広がってさまざまな器官につながり、それ自身、腹腔内に網状に広がり、よく知られた太陽神経叢になっています。そして、この自律神経系は、他の神経系とは違っていなくてはなりません。…これは証明にはならないかもしれませんが…自律神経系が私たちの仮定を満たすとしたら、その形は脊髄神経系とどう違っているだろうか、と問うのも面白いでしょう。皆さんお分かりのよ

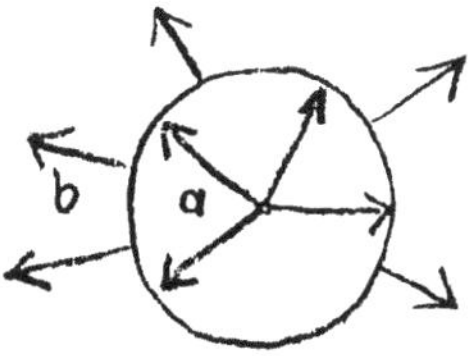


うに、脊髄神経系が周囲の空間に開いたものであるとするなら、自律神経系は内部に押し込まれた器官と近い関係であるはずです。この前提に合わせるなら、両者の関係は、中心から周辺へと向かう放射状の線ａ（自律神経系）と、周囲からさらに外に向かう線ｂ（脊髄神経系）で表されます。つまり、自律神経系と脳脊髄神経系は、ある意味で対極であるはずです。そして実際、対極なのです。そこには、証明とも言える事実も多くあります。もしこの前提条件が正しいなら、それは何らかのかたちで外的観察によって裏付けられなくてはなりませんが、実際、それは裏付けられるのです。神経には神経節と神経線維の二つの部分があり、神経線維は神経節から放射状に伸び、それによって神経同士が接続します。さて自律神経系では、神経節が発達し神経線維は比較的貧弱で目立たないのに対し、脳脊髄神経系では、ちょうど裏返しの関係で、神経線維が主体で神経節は二次的です。このように、私たちが仮定した前提条件が、観察に

よって実際に裏付けられます。これまで、自律神経系が持つはずの役割を述べてきました。もし本当にその通りの役割を持つなら、脳脊髄神経系が外界の印象を血液という黒板に書き込むのと同じように、自律神経系が、生体内に栄養や熱が入り込むことによって生じる生体の内的営みを受け止め、さらにそれを血液に書き込まなくてはなりません。自身の身体内部から来る諸印象は…自律神経系という回り道をし…自我の道具である血液を介して、個としての自我に取り入れられるのです。しかしここで、物質的なものすべてがそうであるように、私たちの内臓も霊から形成されていますから、諸内臓に押し込まれた霊的なものが、自律神経系という回り道を通って私たちの〔目覚めた〕自我にやってきます。

7

ここでもまた、考察の出発点に置いた人間の二重性が明確に現れています。まず外の世界、そして次に内の世界の作用を見ます。どちらの場合も、それぞれの世界が私たちに働きかけますが、それぞれ別な神経系が仲介しています。血液系は外界と内界の中間にあり、ちょうど黒板のように、あるときは外側から、あるときは内側から書き込まれるのです。

## 内的沈潜の修行

8

神経には外界の作用を血液に伝えるという働きがありました。ところが、昨日の話では、神経を感覚界に引き出すことによって、神経を、言わばそうした通常の働きから解放できることを紹介しましたし、今日も確認のために繰り返しお話ししました。ここで、内側に向けてもこれと似たことが可能か、という問いが生じます。詳しい話はまた後でいたしますが、実際にそうした修行は可能で、昨日、今日とお話しした効果を内側でも得られるのです。しかしそれでも、いくらかの違いはあります。思考集中、感情集中といったオカルト的修練によって、脳・脊髄神経系を血液から切り離すことができます。それとは別に、内的営み、内界に入り込んでいくような類似の集中によって…これはいわゆる《神秘的営み》と呼ばれる類の集中ですが…自我を保ったまま内側深くに、つまりその道具である血液を無視することなく、入り込むことができるのです。私たちに知られた神秘的沈潜、霊的沈潜では…詳しくは後でお話しいたしますが…人間は自分自身の持つ神的本性部分、自分自身の霊性に潜り込んでいきます。と申しますのも、人間はそうした霊性を内に持っていますし、またこの神秘的沈潜では自我から抜け出すこともないからです。反対に、霊的沈潜では自我の深みに入り込み、自我知覚が強化され、活性化、高揚化されます。…現代の神秘家が言うことを除きますが…かつての神秘家の言葉を少しでも自らに作用させますと、このことが確信されます。こうした昔の神秘家たちは、宗教的な立場に立つか否かにかかわらず、自分自身の自我に入り込もうとし、外的印象から自らを解放するために外界からのものをすべて無視し、完全に自分自身の中に沈み込んでいく努力をしました。このように自分の内に戻り、自分自身の自我に沈潜するするわけですが、このときはまず、自我の力やエネルギーのすべてを生体内に押し込め、縮めるかのように見えます。そしてこれは人間生体全体に波及し、この内への沈潜、言葉の本来の意味で《神秘の道》と呼べるものとは…前に述べたもう一つの道とは反対に…自我の道具である血液を神経から遠ざけるのではなく、自律神経系により深く入り込ませることだ、と言えるかもしれません。昨日のやり方では血液と神経のつながりを解消したのに対し、神秘的沈潜ではその反対に、血液と自律神経系のつながりを強化します。これは生理学的に見た対極像です。神秘的沈潜では血液が自律神経系により深く入り込み、もう一つの魂的修練では、血液が神経から切り離されます。神秘的沈潜によって、血液を自律神経系に押し込むようなことが起きるのです。

9

さて、話が少し横道にそれますが、自我から離れるのではなく、むしろ逆に自我の内側により深く入り込む修行、つまり神秘的沈潜を行おうとする際に、望ましくない、あるいは悪い性質をすべてそこに持ち込んでしまった、と仮定しましょう。自分の内側に入り込んでいくにしても、そうした望ましくない性質を自分の内側に押しつけていることにはじめは気付きません。言葉を換えれば、血の中に存在するある激情的なものが、すべて自律神経系に押し込まれるのです。これも別な話ですが、ある神秘家が神秘的沈潜に入る前に、自分のよくない性質を一つひとつ消し、利己性を克服し、無私で利他的な感情を生み出し、あらゆる存在に対し慈悲を湧き上がらせるように試み、そうした無私なる慈悲の心を実際に育て、自己中心的な性質を消していこうとしたと仮定しましょう。つまり、自分の内側に深く入り込む前に、十分に怠りなく準備したと仮定しましょう。血液という道具を介して、自我を内側の世界に持ち込みますと、通常はまったく自覚していないこの自律神経系を自我意識の中に引き込み、あることがわかり始めます。つまり、「脳脊髄神経系が外界を伝えるのと同じように、お前は内界を伝える力を持っている」とわかるのです。こうして、脳脊髄神経系によって外界を認識するのと同じように、自分の自律神経系を知覚し始め、内的世界と向き合います。外界から刺激を受けても、意識に上るのは視神経を介して入り込んでくる外界そのもので、神経ではありません。それと同じように、神秘的沈潜の場合も、内的神経が意識に上ることはありません。自分の内にある道具に気付き始め、自分の内側を見る道具に気付くのです。そこではまったく違ったものが現れます。内界の霊視力を持った者の前に内界が現れます。眼差しを外界に向けますと私たちは外界と結びつきますが、その際に意識に上るのが神経ではないのと同じように、ここでも自律神経系が意識に上るのではなく、内界が私たちに向かって来るのです。ここで意識に上ってくる内界とは、本来、自分の肉体の一部であるのはおわかりのはずです。

　特に関連するというわけではありませんが、ちょっと申し上げておきたいことがあります。やや物質主義的な考えの人ですと、自分の生体を内側から見ることができる、ということをやや恐ろしく感じ、こう言うかもしれません。もし私が自律神経系を介して霊視能力を持ち、肝臓、胆汁、脾臓を見られるようになったら、そのときはそれも正しいと思う、と。…これは必ずしも深い関係があるわけではありませんが、それでもお話ししておく方がよいでしょう。しかし、事実はそうではないのです。このような反論では、通常の場合、肝臓、胆汁、脾臓などを他の物体と同様に外側から見ている、という点を考慮していません。皆さんが解剖学や通常の生理学で肝臓、胆汁、脾臓などについて知るにしても、人間を切り開き、これらの器官を、他の物体を見る場合と同じに、当然ながら外的感覚や脳脊髄神経系によって見ています。内側を霊視するために自律神経系を使う場合には、人間はまったく違った状態にあります。そこで見られるものとは、外的に見るものとはまったく異なりますし、昨日私がお話しした、霊能者たちが時代を通じてこれらの器官に付けてきた名前にふさわしいものなのです。

## 11 臓器と惑星、外的リズムの自己化

脳脊髄神経系を通して外的に見られるこれらの器官はマーヤであり、これらの器官の内的本質的な意味を見るのではなく、外見という幻想しか見えないことが次第にわかってきます。内を見る目で自らの内界を霊視的に静かに聞き取ることができますと、実際、まったく違って見えてきます。そうしますと、あらゆる時代の霊能者たちが、これらの器官と惑星を関連付けてきた理由が次第に明らかになります。昨日すでに触れましたように、脾臓の働きは土星、肝臓は木星、胆汁は火星の働きと関連付けられています。自分自身の内界に見えるものは、外的に見たものと根本的に違うからです。内臓器官の中で、外界がまとまり、塊になり、境界を作っていることが実際にわかるのです。こうした認識方法で通常の見方を越えますと、脾臓が非常

に深い意味を持った器官であることがわかりますが、この例で、ある一つの事柄が特にはっきりするでしょう。脾臓を内的に観察しますと、肉などと言った外的素材からできているようには見えません。…完全ではありませんが、こう言っても差し支えないと思います…脾臓は、多種多様で複雑な営みが行われているこの狭い内界において、事実上、輝く星のように見えます。昨日の話で、外的に見た脾臓は、白い小体を内包する血液に満たされた組織である、と述べました。外的な生理学的観察を出発点にしますと、脾臓によってそこを通る血液が濾過されている、と言えます。しかし、内的観察によりますと、脾臓にはさまざまな内的諸力が働き、それによって安定したリズム運動をしていることがわかります。このような器官を見るだけでも、宇宙には非常に多くがリズムが関係していることが確信できます。宇宙の外的リズムを脈拍のリズムの内に再発見しますと、世界全体のあらゆる営みにとってリズムが重要であることを予感するかもしれません。外的にも、脾臓を含めたいろいろな器官でそのリズムをかなり正確にたどることができます。霊視的眼差しを内側に向けて諸器官を観察しますと、脾臓の状態が変化しますと、それは光り方の変動になって現れます。そして、この変動には脾臓の生命活動が持つ特定のリズムが現れています。このリズムは、他で見られるリズムとは明らかに違います。この点が、脾臓がまさに研究対象として興味深い理由です。脾臓のリズムは他と非常に違って、ずっと不規則なのです。それはなぜでしょう。その理由は、脾臓が何らかの仕方で消化器官と密接に関係しているからです。人間の生命が正しくきちんと成り立つには、血液のリズムが非常に規則正しく保たれていなくてはなりませんが、その点を考慮しますと、事情はただちに明らかになります。血液は非常に規則正しいリズムを保たなくてはなりません。しかし、他にはあまり規則正しくないリズムがあります。これは本来なら、自己教育で規則正しくしていくことが望ましいのですが、なかなかそうはいきません。特に子どもではなおさらです。それは栄養摂取、つまり飲食のリズムです。とは言っても、ある程度しっかりした人ならかなりリズムを保って生活するでしょう。朝食、昼食、夕食を決まった時間に摂り、結果としてリズムを保ちます。しかし、こうしたリズムは現実にはどうなっているでしょうか。…悲しむべきことですが…さまざまな側面で規則正しさが失われています。多くの両親の対応が悪く、子どもがわがままに何かを食べたいと言いますと、リズムなどまったく考慮せずすぐにそれを与えてしまうのです。また、摂食のリズムという点では、大人の状況も非常によいというわけではありません。現代の生活ではいつでも規則正しく飲食できるわけではありませんから、これを教育的ないしは道徳的な意味では受け取らないでください。飲食が不規則なことは周知の事実ですし、ここではそれを憂いているのではなく、単に話題として取り上げているだけです。不規則なものが生体に入りますと、そのリズムは次第に変えられる必要があり、最終的には生体の規則正しいリズムにまでもたらされます。ですから、最低でも不規則な食事のリズムを解消すべく、生体内でそれを変えなくてはなりません。ある人が仕事の都合から、朝八時に朝食、一時か二時頃に昼食と決められていて、この規則正しいリズムが習慣になっていると仮定しましょう。さて、彼が友達のところへ行き、そこでご丁寧に、食事と食事の間におやつをもてなされたと仮定しましょう。これによって彼の規則正しい食習慣はかなり妨害され、生体のリズムは何らかの作用を受けます。このとき生体内には、不規則なリズムを弱め、規則的なリズムを適切に強める何かがなくてはなりません。でたらめな不規則性は解消されなくてはなりませんから、栄養物が血液系に移行する間に何らかの器官が挟まれていなくてはなりません。不規則な摂食リズムを、身体が必要とする血液系の規則的なリズムに調整しなくてはなりません。そして、それを行う器官が脾臓なのです。今、一連のリズム的過程について特徴をお話ししました。そして、脾臓が一種の変換装置であり、消化管内の不規則性を血液循環の規則性に切り替えていることがおわかりになったと思います。…学生時代などのように…不規則な栄養摂取の作用が血液中まで引き継がれるとしたら、それは実際、致命的です。さまざまな意味でバランスがとれ、血液にとって有益なものだけが血液に導き入れられます。血流に組み込まれた脾臓はこうした役割を果たし、今述べたような状態を作り上げるべく、そのリズム化作用を人間生体全体に放射しているのです。

12

今は霊眼で見たことを述べましたが、それは脾臓のある種のリズムとして外的な観察にも現れています。外的生理学の研究だけで脾臓が持つこの役割を見つけ出すのは非常に困難ですが、外的観察からでも、たっぷり食事を摂った後の一定時間、脾臓が肥大し、さらなる肥大の条件がなければ、適当な時間の後に再び収縮することが見て取れます。この器官が何かしら拡張・

収縮することによって、不規則な摂食リズムが血液のリズムに変換されるのです。しばしば生体とは諸器官の集まりであると言われますが、実際はそうではなく、すべての器官が隠れた働きを生体全体に送っています。そのことがわかりますと、「脾臓のリズム活動は外的な食物摂取に左右されはするが、脾臓のこのリズム運動は生体全体に放射していき、生体全体のバランスを保つ働きをしている」と考えられるようにもなるでしょう。ただこれは脾臓が持つ働きの一つに過ぎません。すべての働きを一度に説明できませんので、まずこれを取り上げたのです。

13

外的生理学が今述べたような事柄を、とりあえずは《提示された理念》として受け止め、それを裏付けようとするなら、非常に興味深いでしょう。つまり…すべての人間が同じように霊視能力を持てるわけではありませんから…はじめは「オカルティストもまったくのでたらめを言っているわけでもなさそうだから、信じるとか信じないとかではなく、提示された理念として受け止め、そのどれが外的生理学で証明できるかを確認してみよう」という態度で接するのです。…そうなれば、霊視的観察を証明する生理学的研究成果も現れる可能性があります。

## 自己化とは隔離、土星的なもの

14

そうした証明の一つとして、ここでは脾臓の拡張収縮をお話しいたしました。脾臓は食後に拡張しますから、そこには摂食に影響されることが現れています。このように脾臓とは、一方で人間の気まぐれに左右される器官ですし、また一方でその気まぐれから来る不規則性を取り除き、弱める器官でもあります。つまり脾臓は、人間の肉体を、言わばそれにふさわしく形成できるように、不規則なリズムを血液の規則的なリズムに変換するのです。人間はその本性に沿って形成されなくてはなりませんし、血液はその本性のまさに中心的道具ですから、血液がまさに血液本来のリズムで作用できなくてはならないはずです。人間は血液循環を内に持っていますから、外界の不規則な事柄や不規則な摂食の作用に対し、自らを閉ざし隔離しているはずです。

15　これは隔離であり、人間本性を外界から独立させることです。そうした個体化、存在の独立化は土星の作用によるもので、これをオカルティズムでは《土星的》と呼びます。ある包括的な有機体全体から一つの存在が抜け出て、隔離し、個体化し、その内側で独自の規則性を展開できるようにすることが土星的なるものの本質であり、根源的理念なのです。現代天文学では太陽系には土星軌道の外側に天王星と海王星も数えますが、オカルティズムではそれは考えに入れません。オカルト的立場では、他の宇宙から太陽系が抜け出て、分離し、隔離し、個体化し、そこに固有の法則性を与える力は、土星的諸力の中にあるのです。

16　これらの諸力はすべて、太陽系の最も外側の惑星に存在しています。宇宙をイメージしますと、太陽系は、土星軌道の内側にあり、この軌道内で自ら独自の法則に従い、また周囲の宇宙やその形成力から自らを引き離し、周囲から独立しています。こうした根拠から古来オカルティストたちは、太陽系がそれ自身で閉じ、外宇宙を支配するリズムとは異なる独自のリズムを持つことを可能にする諸力を、土星的な力としているのです。

生体内にもそれと似たものがあり、それが脾臓なのです。ただし、生体では外界すべてを完全に排除することはなく、栄養物に含まれる外界的なものだけを排除します。外からやってき

第三講
17

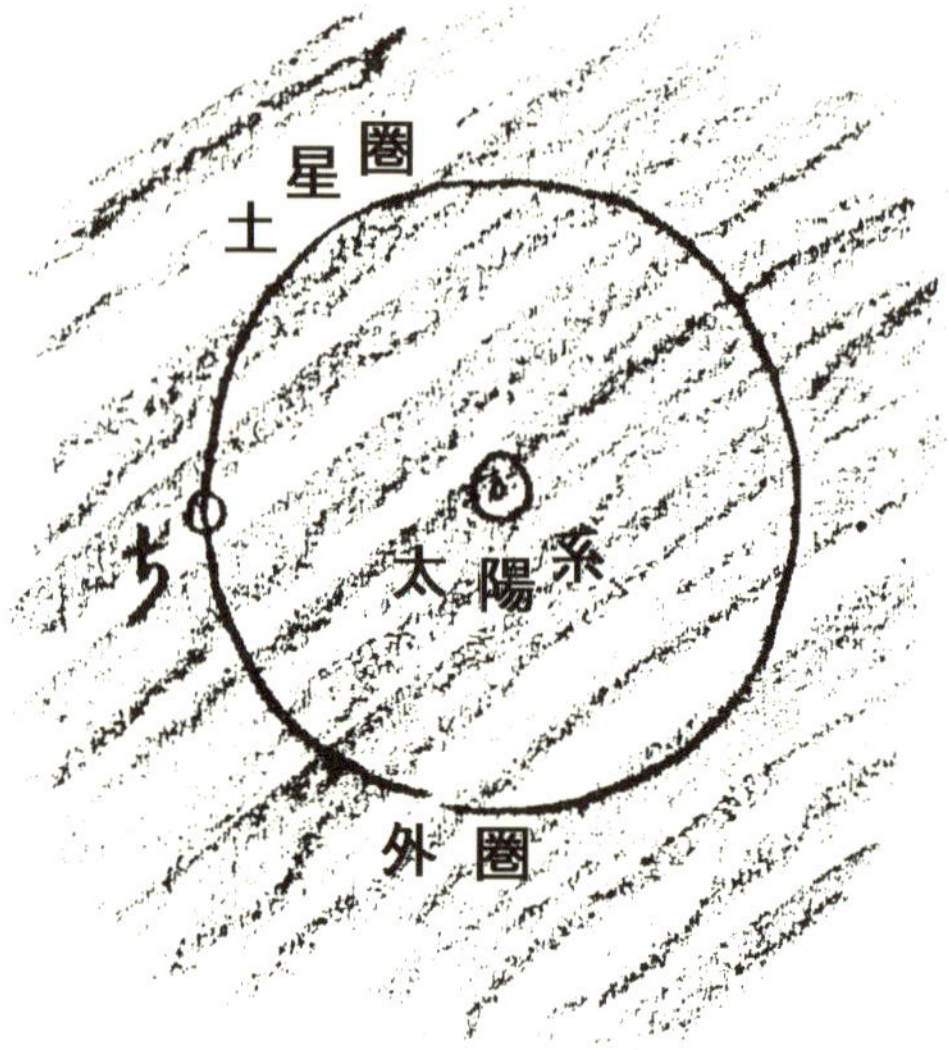

て太陽系の土星軌道内に入ったものは土星的作用を受けますが、外から生体内に入ってきたものも、同様に脾臓の作用を受けています。つまり、外界的リズムを変化させ、人間の法則やリズムに変えています。脾臓が、血液循環を外界のあらゆる作用から隔離し、自己統御システムを作り、独自のリズムを可能にしているのです。

## 18

これで、オカルティズムが諸器官に惑星の名前を選ぶ根拠に一歩近づきました。オカルト学派の中では元来、これらの惑星の名前を目に見える惑星体に対して使ってはいません。たとえば《土星》という名前は、すでに述べましたが、ある大きな全体性の中から自らを引き離し、独自のリズムを持った一つの系に閉じさせていくものすべてに対して使われてきました。一つの系がそれ自身で閉じ、独自のリズムを作ると、宇宙進化全体から見ますとある種の問題が生じますし、オカルティストたちはそれを少しばかり気にかけていました。小宇宙にしろ大宇宙にしろ、あらゆる作用が相互に関連し合い、積み上げられていることはすぐにおわかりでしょう。太陽系であれ血液系であれ、何らかの系が周囲の全体世界から分かれ、独自の法則に従いますと、そのような系は外部の包括的な法則を破り、傷つけ、外界の諸法則から自立し、とりあえずは外界の法則やリズムと矛盾するような独自の法則や独自のリズムを内に作り上げていきます。本来なら今日の講演内容から明らかでなくてはなりませんが、これがどれくらい人間の肉体にあてはまるかもわかります。つまり、このような土星的脾臓が作り上げる固有のリズムを持ちうることは、とりあえずは人間にとって祝福すべきであることなのはおわかりでしょう。

そうであっても、惑星にしろ人間にしろ、ある存在が自己自身の内に閉じこもりますと、周囲とかみ合わなくなる可能性があることもおわかりになるでしょう。周囲にあるものと内側のものとの間に矛盾が生じるのです。一旦矛盾ができあがってしまいますと、内側のリズムが外のリズムに完全に適応するまでは解消されません。人間の肉体でのこうした事情はまた後で見ていこうと思います。今の話の通りだとしたら、人間はこの不規則性に適応しなくてはならないかのように見えますから。しかし、人間の肉体は、実際はそうではないことがわかるはずです。内的なリズムが作られた後には、再び外界全体と同じになる方向に向かうはずです。つまり次の段階に上るのです。次のように言い換えられるでしょう。あるものの内側にある存在が生じ、そこで自立的に活動するとき、その活動の方向は、自らを再び外界に適応させ、その外界があたかも自分自身であるような状態を目指すものでなくてはならないのです。さらに別な言葉で言うなら、何かが土星的作用で自立しますと、それはまさにその土星的作用によって自分自身をも破壊する定めにあるのです。神話ではこのことを、サトゥルヌス…あるいはクロノス…が自らの子どもたちを引き裂く、というイメージで表現しています。

このように、神話では自分の子どもを引き裂くクロノスというシンボル、ないしはイメージで表現されていますから、神話とオカルト的理念には深いつながりがあることがおわかりになると思います。多くの例によってこうした事柄を自分自身に働きかけさせますと、この種の話のつながりに対するある繊細な感情が作り出されます。そしていずれは、外的な説明が好む「それら、また想像力豊かな夢想家たちが、昔の神話や伝承は深い叡智をイメージとして表現している、などと言っている」などという言い方はしなくなるでしょう。完全に外的なやり方、これは文献でしばしば見かけますが、こうした考え方にどっぷり浸かっていますと、神話と叡智が対応する例を二つ、三つ、いやたとえ十聞いても、神話や伝承には外的学問よりも多くの深い叡智がある、という考え方は拒絶するでしょう。しかし、深いつながりに入り込んでいくなら、外的学問の観察方法よりも神話や伝承の方が世界の真実により深く根ざしている、ということの正当性を認めるはずです。そうしたイメージは素晴らしき神話や伝承のかたちで全世界に広まっていますから、それらを繰り返し自分に作用させてみるのです。すると愛情と共にイメージに入り込むと同時に、諸民族の思考や感情の中に、諸民族の像的イメージの中に、かたちこそ違え、深い叡智が見いだされるはずです。そうしますと、一部のオカルティストたちがなぜ、「神話や伝承を手がかりにし、人間本性を扱うオカルト生理学の領域に入ったときに、はじめて

20

神話や伝承をも理解する」と言えるのかも理解できるようになります。…神話や伝承には、外的学問以上に、人間本性についての現実的叡智、現実的生理学があるのです。たとえばカインとアベル、さらにはその子孫たちの名前に隠されている生理学的根拠を明らかにできましたら…ちなみに、これらの古い名前は、名前に内的意味を込めていた時代に由来しますが…賢人たちの叡智に、計り知れない尊敬と畏敬の念を抱くはずです。賢人たちは、人々が霊的世界をまだ見ることができなかった時代に、イメージを介して人々の魂と霊界がつながるように、歴史の発展にふさわしいかたちでさまざまなことを考え出してきたのです。「今日私たちは、ここまですばらしい発展を遂げた！」という言葉は、現代においては大きな意味を持ち過ぎました。この言葉の裏には、「人間の根源的叡智を表現した古いイメージから抜け出すことができた」という自惚れが隠れていました。しかし、ここでそうした自惚れを根本から払拭できるのです。

歴史的エポックの連鎖である人類発展の足取りを、密なる愛情を持ってたどりませんと、人間は完全に道を外れてしまいます。霊能者は内的な目で内部器官の本性を観察し、それを生理学的に基礎付けています。それはイメージで表現され、またそこから人間の由来が神話や伝承に記されていることも知るのです。人間の諸器官に宇宙が押し込まれるという驚くべきプロセスが、神話や伝承に表現されていることが霊能者にはわかります。私たちの中で脾臓、肝臓、胆汁として働いているものがあります。そうした器官に至るまでに、途方もなく長い時間をかけて集約化され、結晶化されてきた様子が彼にはわかるのです。これについては、明日、さらにお話ししようと思います。オカルト的学問を通してのみ予感できる深い知見、本当の意味での深い叡智があってはじめて、これらすべてをイメージとして表現できるのです。ご覧のように、ちょうどミクロコスモスがマクロコスモスから生まれるように、生体内で働いているものは宇宙から生まれていますし、さらにこれらのもの凄い叡智が、すべて神話や伝承に表現されています。ですから、神話や伝承に現れる名前の意味を生理学的に認識につなげることができたときにはじめて、そのオカルティストたちは正しいと言えるのです。

この連続講演の第一講では畏敬の念を取り上げましたが、今日の話はそうした畏敬の念に役立つでしょう。こうした考え方を育てていきますと、人間の諸器官が持つ霊的内実を深く研究することによって、事実がわかってくるのです。示せることは非常にわずかであっても、人間生体が驚嘆に値する作りであることは伝えていこうと思います。わずかながらでも人間の内的本性に光を当てることがこの連続講演の試みです。

21

これは《自己化》が行き過ぎた状態であり、土星的なものの本質を表現している。このように、神話などには、オカルト的叡智が現れている。

我が子を喰らうサトゥルヌス（ゴヤ）

## ■第３講

### メディテーションについての補足
第１段落

前講のメディテーションでは、人間は自我から離れ、外界と一体となり、自分自身を他者と見、外界の本質が人間に直接働きかけてくる。

### 知覚と内臓三器官の対称性
第４段落

知覚によって外界が血液に刻印され、内臓三器官（脾臓、肝臓、胆汁）によって内界が血液に刻印される。

### 脊髄神経系と自律神経系の対称性
第６段落

脊髄神経は外界と血液をつなぎ、自律神経系は内界と血液をつないでる。また、神経線維が発達した脊髄神経と神経節が発達した自律神経という点でも対称性が表れている。

### 内的沈潜の修行
第８段落

内的沈潜の修行では、血液と自律神経のつながりを強化する。

### 臓器と惑星、外的リズムの自己化
第11段落

内的沈潜により、内臓は光体のように体験される。また、脾臓は不規則な摂食リズムを生体のリズムに修正し自己化する働きをする。そして、その働きは脾臓の肥大・縮小に暗示されている。

### 自己化とは隔離、土星的なもの
第14段落

外界から自らを隔離し、自己化する働きを《土星的》と言う。その意味で、太陽系の土星も脾臓も《土星的》である。

### オカルト生理学と神話
第19段落

サトゥルヌス＝土星的なものは我が子を食うとされている。

# 第四講

一九一一年三月二三日

## 脾臓は重要器官であるが摘出可能

1 昨日は人体内の惑星系とも言える器官を一つ取り上げ、その意味をお話しいたしましたが、今日は話をさらに先に進めていきます。その後で、他の器官系の役割に移ろうと思います。

2 昨日の脾臓の話にはある種の矛盾がある、と言う人がいらっしゃいました。私は、脾臓には人間全体にとって重要な役割があるとお話ししましたが、そこに矛盾がある、というご指摘です。つまり、脾臓を人体から切除し、摘出しても人間が生きられることと、脾臓が重要な器官であるということが矛盾する、と言うのです。

3 こうした反論は、現代的視点から見れば完全に正当ですし、霊学的世界観に非常に真摯に近づこうとしている人にとっては、これは一つの難所でしょう。公開講演の初日にお話ししたように、一般論から言えば、現代人にとっては…特に学問的方法を修め学問的良心を持った人にとっては…地上存在についてオカルト的に語られた内容を理解するためには、困難を克服する必要があります。原則としてそうした反論は、この連続講演が進む中で自ずと解消していきます。それでも私は、今日とりあえず、脾臓が摘出可能である事実と昨日の話がまったく矛盾しないことを示しておこうと思います。人間身体と言われているもの、外的感覚で捉えられるもの、身体において物質として見えるものとは、人間のすべてではありません。この肉体の根底には、生命体あるいはエーテル体、そしてアストラル体や自我といった、より高次の諸有機体が……これらについてこれから見ていこうと思います……存在しています。そして、エーテル体、アストラル体、自我から引き起こされる過程や形成によって、相応な形で目に見えるように現れたものが肉体的器官なのです。皆さんが本当に霊学的真実にまで上っていきたいと思われるなら、そう考えなくてはなりません。ですから、たとえば霊学的な意味で脾臓と言う場合には、外的・肉体的な脾臓に関することだけを言うのではなく、エーテル体やアストラル体で行われていることも意味し、その現れが外的・肉体的なものに相当します。ある器官とは、それに対応する霊的なものの表現なわけですが、その霊的なものが直接に表現されていればいるほど、その器官の肉体的な姿、つまり肉体的に見えるものはさほど重要ではなくなるのです。振り子の動きの中に重力が物質的に表現されています。それと同じように、肉体器官とは超感覚的な力作用、フォルム作用の物質的な現れなのです。ただ両者の違いは、振り子の運動は重力に従い、脾臓はそこに働くエーテル体・アストラル体の作用に従う点にあります。振り子を取り去りますと、重力の作用で生じるリズムを表現する物体はなくなります。無生物的自然の現象ではこうなりますが、生体では違います。その根拠はまた後で詳しくお話ししたいと思いますが、肉体器官を切除してしまっても、必ずしも高次の有機体の働きが消えてしまうわけではないのです。

4

脾臓に注目するに当たって、まず肉体的な脾臓が目に付きますが、それと同時に、その元となり、その結果が肉体的脾臓であるような一連の作用系を考えなくてはなりません。脾臓を摘出しても、一旦生体に組み込まれたこの作用系は失われず、作用を続けます。霊的作用を維持するにあたって、罹病した器官はかえって邪魔になり、それを除去してしまった方がよいことすらあります。たとえば、脾臓の重篤《じゅうとく》な病気の場合がそれにあたります。切除可能な器官が何らかの深刻な病気になった場合、罹病《りびょう》した器官を放置することで霊的作用が絶えず妨げられるよりは、その器官を切除してしまう方が霊的作用にとっては好ましいことすらあるのです。ですから先ほど述べたような反論は、霊学的認識がまだそれほど深くない場合には出てくる可能性があります。これは非常に当然な反論ですし、辛抱強く時間をかけて事柄に深く入り込みさえすれば、自然に解消するものでもあります。今日の物質主義的学問に由来する知識と共に霊学的研究に入りますと、次々に矛盾が生じまったく先へ進めなくなる、という事態を皆さんは必ず体験されるでしょう。ここで性急な判断をしてしまいますと、霊学はまったく頭がどうにかしていて、到底学問的とは言えない、という結果にしかなりません。しかし、忍耐と時間をかけて事柄をしっかりと受け入れますと、霊学的内容と通常の学問的研究との間には、欠片《かけら》ほどの矛盾もないことがわかるはずです。このような困難が生じる原因は、霊学的認識、アントロポゾフィー的認識の幅が非常に広く、示すことのできるのが常にその部分でしかないからです。そして、こうした部分だけを聞きかじりますと、今述べたような矛盾を感じやすいのです。

5 しかし、だからと言って恐れをなして引き下がってはいけません。それをしなければ、この時代のあらゆる知恵、あらゆる人間形成にアントロポゾフィー的世界観を取り入れる、という不可避な課題がなされないからです。

## 脾臓のより重要な働き

6 私は昨日、人間が不規則に食事を摂ったとしても、脾臓の働きによってそれが人間のリズムにもたらされることをお伝えしようとしました。私が最初にこれを取り上げたのは、脾臓が持つさまざまな働きの中でそれが最もわかりやすいからです。しかし、最もわかりやすいからと言って、それが最も重要であったり、最も主要な働きであったりするわけではありません。もし人が自分の正しい摂食リズムを知り、それに沿って摂食したなら、脾臓はこの意味での活動をする必要がなくなるはずだからです。…これだけでも、昨日お話しした脾臓の機能が枝葉的であることがわかります。ずっと重要な事実とは、栄養摂取にあたって、栄養物に立ち向かわなくてはいけない点です。つまり、栄養物は外界の素材で、外界における結合の仕方をそのまま持っていますので、それを摂取する際に、私たちはそれと立ち向かわなくてはならないのです。

こうした栄養物は素材としては死んでいる、あるいはせいぜい植物に由来する生命を持っているに過ぎない、と観てしまいますと、外界の素材が栄養物として生体に取り込まれて、広い意味での消化作用によって変容される、と考えるはずです。実際多くの人が、摂取された栄養物とは方向性のない中立な素材で、私たちはそれをどうにでもでき、摂取すればすぐにでも変容しうる受け身なものと考えています。しかし、そうではありません。煉瓦は、建物を設計通りにどのようにでも組み上げうる素材ですが、栄養物はそれとは違うのです。煉瓦が建築家の設計に沿ってどのようにでも積み上げうるのは、最低限建築の領域では、それ自体が何のつながりもなく、命を持たない塊だからです。しかし、人間にとっての栄養物はそうではありません。周囲にある素材はすべてある種の内的な力、内的法則性を担っています。内的法則性や内的活動性を持つ、というのは素材の本質です。外界からの栄養物摂取とは、栄養物に、言わば私たち自身の活性を与えることを意味しますが、それは自然には起きません。栄養物はそれ独自の法則、独自のリズム、独自の内的運動性を保ち続けようとするのです。人間生体がそうした栄養物を自分の目的に適ったものにしようとするなら、素材の持つ固有の活性を消し去り、それを次の段階に持ち上げなくてはなりません。どうにでもなる材料を加工するのではなく、素材の持つ固有の法則性と立ち向かわなくてはならないのです。素材がそれぞれ固有の法則を持つことは、たとえば強い毒を摂取したときに感じ取ることができます。毒固有の法則性が体内でも活動し続け、その人を支配してしまうことは、すぐにわかるでしょう。このように毒は固有の法則性を秘めていて、その法則性が生体を攻撃するわけですが、それと同じことが私たちが摂取するあらゆる栄養物について言えるのです。栄養物とはどうにでもなる物ではなく、その固有の本性や性質を主張し、固有のリズムを持つ物なのです。そして人間は、このリズムに対抗しなくてはなりません。生体内では、どうにでも加工できる構成材料を扱うのではなく、まず初めに構成材料独自の性質を克服しなくてはなりません。

## 7

栄養物は人間の中でまずいくつかの器官と出会いますが、そうした器官の中に、栄養物の固有の生命に…この《生命》という言葉は広い意味でお考えください…対抗する道具があります。不規則な食事で体内リズムが乱れることだけが問題なのではありません。栄養物自体が固有のリズムを持ちますから、その人間のリズムとぶつかり合うリズムを変えなくてはならないのです。そのために働く諸器官の中で最も外側にあるものが脾臓なのです。このリズム変換、反抗、変容には他の器官も働いています。つまり、脾臓、肝臓、胆汁が互いに協力して一つの器官系となり、栄養摂取に際して栄養物が持つ固有の本性を押し返す役目を担っています。食物が胃に届く以前の働き、胃の活動、胆汁分泌による作用、肝臓や脾臓の活動、これらすべてが、摂取された栄養物が持つ固有の本性に対抗する作用なのです。栄養物はこれらの諸器官の作用を受け、人間生体内のリズムに適応します。変容させられてはじめて、自我の担い手であり自我の道具であるあの器官系、つまり血液系に取り込まれることができるのです。栄養物は血液に取り込まれ、血液に自我の道具となる能力を与えますが、それを可能にするには、血液に取り込まれる前に、栄養物の固有の外的性質がすべてそぎ落とされなくてはなりませんし、完全に人間独自の本性に即したものになって血液に到達しなくてはなりません。ですから、次のように言えます。脾臓、肝臓、胆汁、さらに遡って胃までの諸器官とは、外界から食物を受け取り、それが持つ外界の法則を、人間の内的有機体、人間の内的リズムに適応させる器官なのです。

8

## 外界とのかかわり

さて、人間本性は全体として働きますから、すべての部分を内界に向けているのではありません。内側の人間本性は絶えず外界と調和し、生き生きとした相互作用を行っていなくてはなりません。しかし栄養物を介した関係では、肝臓、胆汁、脾臓といった器官系が外界に対抗しますから、外界との相互作用は断絶しています。これらの働きで、外界の法則性はすべて排除されています。もし人間がこれらの器官系しか持たなかったら、外界と完全に隔絶し、完全に自己完結した存在になってしまいます。したがって、他の要素も必要なのです。一方で、外界を内界にふさわしく変容するための器官系が必要ですが、他方で、自我の道具が外界と直接に向かい合える必要もあります。つまり、生体が外界から隔離された存在となってしまわないように、生体自身が直接に外界と関係する器官が必要なのです。血液が、一方では外界固有の法則性をすべてそぎ落とした上でかかわり、他方では、外界をそのまま直接に取り込むかたちでかかわります。それは、血液が肺を流れ、外気と触れ合うことで実現されます。こうして血液は外気の酸素によって活性化されますが、このときは酸素が持つものを何も弱めずに受け入れています。実際、空気中の酸素を、人間は自我の道具に直接に、酸素の本性や性質そのままに取り込みます。こうして非常に奇妙な事実と向かい合います。人間が持つ最も高貴な道具、自我の道具である血液とは、前述の諸器官系によって丁寧に濾し取られた栄養物を受け取る存在でもあるのです。こうして血液は、人間の内的有機体、内的リズムの完全なる表現となる能力を持ちます。ところが、それ自身が持つ内的法則性や活性をそのままに、何の衝突もなく取り込まれることが許されている外界の物質があり、それが血液と直接に接触することによって、人間生体は自己完結したものにならず、外界との結びつきを持つことができるのです。

## 内界と外界の出会い

9 こうした観点からも、人間の血液有機体のすばらしさがわかります。血液系とは、真の意味で、人間自我のリアルな表現手段であり、事実、一方では外界に向かい、もう一方では自分自身の内側に向かっているのです。人間が神経系という、言わば回り道を介して外界の印象を受け取っていることはすでに見てきましたが、その関連で言えば、肺では、空気中の酸素と血液が直接に触れ合っています。ですから私たちの中には、一方で脾臓・肝臓・胆汁系、もう一方で肺系という対極的な働きをする二つの系があって、これらが血液で接している、と言えるのです。血液が、一方で外気と接し、もう一方で固有の本性を取り除かれた栄養物と接することで、生体内の血液で外界と内界が直接に接します。こう言っても差し支えないと思いますが、電気のプラスとマイナスのように、人間の中で世界のこの二つの働きがぶつかり合います。このように世界の二つの作用系がせめぎ合いっています。そして、そのせめぎ合いの作用を受け止めるにふさわしく作られた器官があります。その器官がどこにあるのかはすぐに想像できるでしょう。血液が心臓に流れ込みますと、変容した栄養液は心臓にまで作用します。また、心臓に血液が流れ込みますと、外界から直接に血液内に入り込んだ酸素が心臓に作用します。ですから、心臓とは二つの系が出会う器官であり、また人間とはこの二つの系の中に組み込まれ、その二つの面とかかわっているのです。一方には内的器官のすべてがぶら下がり、もう一方では外界のリズムや活性と直接につながる器官が心臓である、と言えるでしょう。

## 内界と外界の調和

10

この二つの系がぶつかり合い、そこですぐに調和が生まれることなどあり得るでしょうか。酸素や空気を取り込むことで私たちに作用する大きな世界システムと、栄養物を変容させ身体内部の小さな世界システムがありますが、この二つのシステムが血液の中で心臓を通り抜けるだけで、調和的なバランスをとることなど考えられるでしょうか。もしそうだとしたら、この両システムが内的バランスを作り出す中で、人間は、言わばその両方から引っ張られることになります。この連続講演が先へいけば、人間本性と世界の関係はこうではないことがおわかりになるはずです。実際はむしろ外の世界は完全に受け身で、力は送り出すものの、その扱いは完全に人間の内的活動に委ねられますし、またその内的活動が人間を挟む二つのシステムの中でバランスを取るのです。人間に自らの内的活動の余地が残されていること、内的なバランスを作り出す役割が器官レベルで人間に委ねられていること、この二点が本質的に重要であることは、やがておわかりになるでしょう。ですから、この二つの世界システムに調和を与え、バランスをとるためのものを、まさに生体内に探さなくてはなりません。外界の法則性は人間に直接入り込んできますし、人間内部の独自な法則性は摂食に伴って入り込んでくる外界の法則を変容させますが、この二つだけでは調和はもたらされない、とはじめから言えたはずです。この調和は人間の特別な器官系によってもたらされます。人間自身が、この調和を作り出さなくてはいけないはずです。その過程は意識的なものではなく、無意識的です。一方には脾臓・肝臓・胆汁系が、もう一方には肺系があり、それらが心臓を流れる血液で向かい合っていますが、そこにさらに、これも血液と密接な関係にある腎臓系が組み込まれることによって、この二つの系にバランスがもたらされるのです。

血液が空気と直接に触れることによる外界からの作用と、栄養物に働きかけその固有の性質をそぎ落とすための諸器官に由来する作用、この両極の作用を、言わば調和させるのが腎臓系なのです。もし前述の二つの系が不調和のまま作用すると余分なものが生じえますが、腎臓系はその余分なものを排除しうるのです。

## 12 内臓と太陽系

以上で内的有機体のすべてが出そろいました。消化器系とそれに続く肝臓、胆汁、脾臓といった内臓器官があり、これらが血液に対置しています。そしてまた、これらの内臓器官は血液系の素材を準備します。他方、血液には別な器官も対置していて、それが内臓器官系に由来するものと外界に由来するものとのバランスをとり、隔離の側に偏り過ぎてしまわないようにしています。…この正当性はまた後に見ていきますが…血液系とその中心である心臓を生体の中心と考えますと、この血液系を基準に整理することができます。すると、一方には肝臓、胆汁、脾臓系を、もう一方には…心臓とはまた別なつながり方をしていますが…肺系を並べることができます。その中間に腎臓系が来ます。肺系と腎臓系には非常に興味深い関係がありますが、それはまた後で見ていきましょう。今は細部には入り込まずに、全体の関連を見ていきます。これらいくつかの系を非常に単純に模式化して並べますと、それだけで、人間の内臓にはある特定の関連があること、そしてその関連では、心臓とそれに付随する血液系が最も重要であることがわかります。

13

オカルティズムの世界では、脾臓作用を土星的作用とし、肝臓作用を木星的、胆汁作用を火星的作用としていることはすでに申し上げました…この名称の正当性はさらに詳しくわかるはずです…。それと同じ根拠から、オカルト的認識では心臓とそれに付随する血液系を人体における《太陽》としていますし、それは惑星系での太陽の役割に対応します。また、オカルティストは肺系を《水星》、腎臓系を《金星》とします。…こうした呼称の正当性についてはここでは検討しませんが…人体の諸系をこのように呼ぶことで、それが内的宇宙であることが暗示されますし、血液系と関連する二つの器官系もこの視点から見ることができます。諸関連をこう

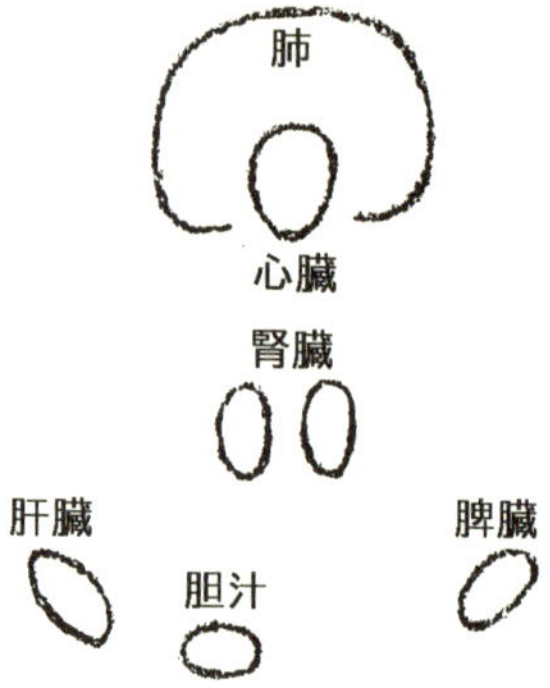


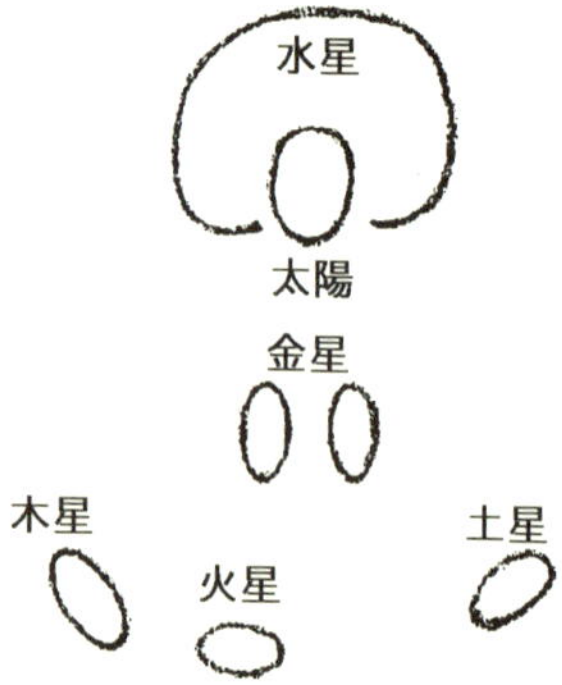

した意味で考察したときに初めて、人間の内的宇宙と呼べるものの全容が現れてきます。水星や金星と太陽との関係が肺や腎臓と心臓との関係と同じように考えられますが、オカルティストはその根拠をきちんと把握しています。それを実際に示すことが、今後の講演における私の課題でしょう。

14

## 血液にかかわってくるもの

そのリズムを心臓が表現し、また自我の道具である血液系には、何かがあることがわかります。そして、その何かの形態、内的本性、構成要素は人間の内的宇宙によって方向付けられ、またその何かが、今あるように生き、また生きられるためには、そのような（マクロコスモス的な）全体としての系に組み込まれていなくてはなりません。この人間の血液系とは…もう何度も申し上げていますが…私たちの自我の肉体的道具なのです。現在の私たちが持つような自我は、肉体、エーテル体、アストラル体という基盤の上に構築されて初めて成り立つことがわかっています。世界をふらふらと自由に飛び回る自我などというものは、私たちのこの世界では考えられません。人間の自我にはその基盤として肉体、エーテル体、アストラル体が不可欠です。霊的な意味において、この自我は今述べた人間の構成要素を前提としていますが、それと同じように肉体的な意味においても、つまり自我の肉体的器官である血液系も、アストラル的肉体器官、エーテル的肉体器官を前提にしています。血液系は他の器官系を基盤にして初めて発達しうるのです。植物は、無生物的自然環境を基盤にしても難なく育ちますが、人間の血液器官の基盤としては、単なる外的自然では役に立たず、まずその外的自然を変容しなければならない、と言わざるを得ません。人間の肉体がエーテル体やアストラル体を前提にするのと同じように、体内に入ってくる栄養素材は、人間自我の道具になるためにまず変容を受けなくてはなりません。

15

この自我の肉体的器官である血液は肺を介して外界に規定されている、という言い方もできます。しかし、もっと厳密に言えば、肺も一つの肉体的器官に過ぎませんから、外的リズムが血液に働きかけるときには、この器官が働きかけているのではなく、この器官を介して取り込まれた空気の持つ外的リズムが血液に働きかけているのです。ここで私たちは、次の二つを区別しなくてはなりません。一つは人間に向かって外から空気というかたちでやってきて、吸い込まれ、外界のリズムを直接に血液に浸透させうるものです。もう一つは、自我にとっての生きた器官である血液に直接に入り込むのではなく…どのように入り込むかはすでにお話ししました…魂という回り道を通って入り込むもの、つまり、感覚器がそれを受け取り、血液という黒板に書き込まれる外界の印象です。ですから人間では、まず呼吸を介して取り込まれた空気によって外界と物質的に直接に触れ合い、その影響を血液にまで及ぼし、その他に、周囲の世界に接する感覚器官を介して魂内に知覚過程が生じ、外界と非物質的に触れ合う、と言えるでしょう。このように呼吸プロセスよりもさらに一歩高次なプロセスがあり、これは霊化された呼吸プロセスとも言えるでしょう。呼吸プロセスによって外界を物質的に取り込む一方で、感覚知覚プロセスという霊化された呼吸プロセスによって…ここで《感覚知覚》という語は、人間が外的印象に関連して作り上げたもののすべてを指します…私たちは何かを内に取り込みます。ここで、この二つのプロセスはどのような共同作用をするのだろうか、という疑問が生じます。と申しますのも、人間生体内ではすべてがかかわり合いながら働いているからです。



## 感覚知覚からの作用と栄養物からの作用

この問いをより正確に見てみましょう。…正確に問うか否かは本質にかかわります…。そうすることで、とりあえず今日のところは仮説的ですが、答えをイメージできるからです。一方には、血液を介して作用するもの、内臓器官でのプロセスを経て血液になったものがあり、もう一方には、外的感覚知覚プロセスによって血液になっていくものがあります。そしてこの両者の間でどのような共同作用、相互作用が行われるかをはっきりさせなくてはいけません。この両者の間では相互作用が生じるに違いないのです。血液とは、いろいろな意味で徹底的に濾過され、非常に多くのことがかかわり、自我の道具となりうるすばらしく有機化された素材であるとは言え、それでも物質的な素材であり、それ自身は肉体に属します。それゆえ、人間の血液中で作用する肉体的プロセスと、感覚知覚と呼ばれる魂内の事柄は、とりあえずは非常にかけ離れている、と言わざるを得ないでしょう。これは普通に考えたら、否定し得ない現実です。血液素材、神経素材、肝臓素材、脾臓素材等々はリアルであるとするのに、知覚、概念、感情、意志インパルス等々はリアルではないとする奇妙な考え方をとるなら別ですが。この両者のかかわり方については、各世界観同士で論争が見られます。つまり、思考が単に何らかの作用、神経物質といったものの作用である、という世界観と、そうでないという世界観の論争です。この問題では世界観同士の論争が起きうるのです。しかしどのように論争するにしても、外界の知覚、それを元に作られるもの、思考、感情など、魂的営みは現実である、という事実は当然見過ごすことはできません。注意してください。私は「隔離された現実」とは言っていません。そうではなく「現実そのもの」と言っています。なぜなら、世界においては何物も隔離されてはいないからです。「現実そのもの」という表現はそんなに明確ではありませんが、実際に観察できるものとお考えください。それには胃、肝臓、脾臓、胆汁などと同じように、思考、感情なども含まれるのです。

17

この二つの現実を並べますと、他にも気付くことがあります。つまり、一方には、非常に綿密に濾過された物質である血液があり、もう一方には、一見物質的なものとは無関係と思われるもの、つまり思考、感情などの魂的内容があります。この二種類の現実に直面することで、実際に、ある種の困難が生じてきます。さまざまな世界観は、この現実に直面しますと、ありとあらゆる解答を無駄に積み上げるのです。魂的なものである思考や感情が、肉体的なものに直接働きかけ、あたかも思考が物質素材に直接働きかける、と考える世界観もあります。その対極にあるのが、物質主義的な世界観です。つまり、思考や感情などが肉体的・物質的な過程から作り出される、と考える立場です。この二つの世界観の間の論争が巷で繰り広げられ、長い間、重要な意味を持っていました。…ちなみにオカルティストは、そのような空疎な言葉による論争には荷担しません。しかし、それでも一歩も進めなくなり、近代になって《心理身体並行論》という奇妙な名前の別な見解が出現しました。…精神が身体プロセスに影響を及ぼすのか、それとも身体的プロセスが精神に働きかけるのか、このどちらの考え方が正しいかをまったく判定できなくなってしまったので、単純に、この二つのプロセスが並行している、と言っているのです。考えたり感じたりしているとき、肉体ではある特定の過程が並行して起きている、と言うのです。…「私は赤色を見る」という知覚の場合、それに対応して何らかの物質的過程が神経系で生じている、と言う見解です。赤を知覚し、またその知覚に喜びや痛みが伴うとき、そこにも物質的な過程が対応しています。そして、「対応する」という以上のことは言いません。この理論では事実上困難から逃げてしまい、棚上げしています。こうした土壌からは無益な論争が湧き上がり、何も説明していない心理身体並行論なるものが生まれてきました。それは、まったく見当違いの領域に迷い込み、それを元に答え出そうとしたからです。魂内の活動を見るなら、それは非物質的な過程ですし、非常に繊細に組織されたものである血液であろうと、それに類するものは物質的な過程です。…物質的活動と魂的活動…この二つを並べて、両者がどのように作用し合うかをいくら懸命に考えても、そこからは何も生まれません。こう考えても勝手な解答をでっち上げるか、あるいは解決できないとわかるだけです。より高次の認識を身につけますと、この問題に何らかの判断を下すことができます。外界を物質的に観ているだけでもなく、思考を物質的外界と結びつけるだけでもありません。物質的なものを超え、超物質的世界へと導いてくれる認識形式を私たちは見つけなくてはなりません。諸々の感情など、一切の魂的営みを行いつつ、私たちは物質界に生きていますから、物質界が魂的営みの場ではありますが、その魂的営みの根源は超物質界です。ですから私たちは、魂的営みからその超物質界へと向かっていかなくてはなりませんし、また、物質的なものからも超物質界に上っていかなくてはなりません。つまり、私たちは二つの側から超物質界に上っていかなくてはならないのです。



18

## 魂と物質をつなぐエーテル体（記憶を例に）

物質の側から超物質界に上るためには、私が前に述べた修練、外的感覚的なものの背後を見えるようにする修練、感覚印象が織り込まれているヴェールを通してその背後を見るための魂の修練が必要です。人間の外的器官を観察するとヴェールとしての感覚印象が得られますし、その点では、体内で最も繊細に組織された血液であっても同様で、そこからは物質的・感覚的なものが得られます。超感覚的世界に至るには、魂の修練が必要です。まず、魂的印象を受け取っている立ち位置よりも一段深い地点、つまり物質的地平の下に降りなくてはなりません。物質的・感覚的世界の下で、生体の超感覚的要素であるエーテル体に出会います。このエーテル体は…これについては、まさにこのオカルト生理学的立場からより詳しく取り上げますが…超感覚的有機体です。そして、とりあえずこれは、目に見える人間生体の原型であり、この超感覚的基礎素材から生体が形成されてくると考えておきましょう。当然ながら、血液もこのエーテル体の写しです。物質的・感覚的有機体の背後へ一段深く降りた地点で、私たちは人間のエーテル体という超感覚的部分と出会いました。ここで、この超感覚的なエーテル体には、もう一つ別な側から、つまり魂の側、外界の印象を元に作り上げる知覚、思考、感情の側から近づくことができるかを検討してみましょう。



そうしますと、魂的営みからは、さらに直接的にエーテル有機体にいきつけることがわかります。さて…これで今日の考察を締めくくりたいと思いますが…魂内の活動では、まず外界から印象を受け取り、つまり、外界が感覚器官に働きかけ、その外的印象は魂内で加工されます。いいえ、加工などという生やさしいものではなく、知覚印象を消化し自分の中に吸収していきます。記憶、想起といった簡単な現象を考えてみましょう。何年か前に外界の知覚から作った印象やイメージを、今度は魂の奥底から引っ張り上げます。樹とか匂いとかの単純な例で考えましょう。するとそれが想起です。ここでは、外界の印象を元に、魂の中に何か持続的なものが溜め込まれた、と言わざるを得ません。魂の修練を経て、魂そのものまでをも見ますと、次のことがわかります。つまり、溜め込まれた印象を想起像として呼び戻せるまでに魂的営みを高める瞬間、この魂的体験の中で、私たちは自我だけで活動しているのではありません。自我と共に外界に向かい合って、印象を受け取り、それをアストラル体の中で加工する場合、私たちはそのすべてを自我だけで行っています。しかしそれだけでしたら、すべてをその場で忘れてしまうはずです。結論を導き出すとき、私たちはアストラル体の中で活動しています。しかし、印象をしっかりとしたものにし、少し後に…たとえそれが数分後であっても…それを再び呼び戻せるようにする場合、自我が得てアストラル体が加工した印象は、エーテル体に刻印されているのです。このように記憶表象とは自我によってエーテル体に刻みつけられたものですし、その内容は、外界に触発されて生じる魂的活動から得ています。このように私たちには、魂の側からエーテル体に記憶表象を刻み込む能力があります。そしてまた体の側からは、それが生体に最も近い超感覚的存在であることがわかっています。するとここで、この刻印の様子はどのようなものであるか、という問いが生まれます。アストラル体で加工されたものがエーテル体に取り込まれる成り行きは、実際にはどうなっているのでしょうか。アストラル体はどのようにしてそれをエーテル体に導き入れるのでしょうか。

20

# エーテルの流れと二つの脳内器官

この導き入れ方は非常に注目に値します。まず自我の肉体的表現である血液が身体全体をどのように流れるかを非常に単純化して観てみましょう。…ここでは私たちは完全にエーテル体の中に居ると考えましょう…。するといろいろな様子が見られます。自我が外界に呼応して活動する様子、自我が受け取った印象を表象へと凝縮していく様子などが見られ、それに伴って血液が実際に活動する様子も見られます。しかし血液ではそれ以上のことが見られます。血液循環全体が上に向かって…下にはわずかですが…随所でエーテル体を活性化し、いたるところでエーテル体が決まった道筋で流れ始めるのが見られます。その流れは、あたかも血液に結びついているように見え、心臓から頭部に向かい、さらに頭部で集まるように見えます。その流れはおよそ…外的な喩えをさせていただけるなら…電流のように、向かい合う二極の一方に集

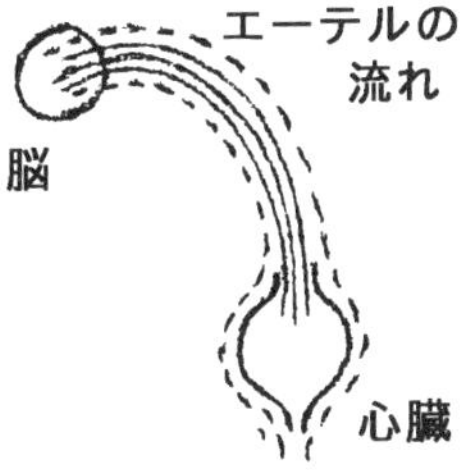

21

まり、プラス・マイナスの電気が打ち消し合うように振る舞います。

外界の印象によってエーテル的諸力が呼び起こされ、それによってエーテル体に記憶表象が刻み込まれます。そしてこの成り行きを、修練を積んだ魂によってオカルト的に観察しますと、エーテル的諸力がもの凄い緊張にあって、ある一点で激しく一体になろうとしているのが見えます。これは記憶力にならんとするエーテル的諸力と見なせます。脳に向かって上り、そこで一つにまとまるエーテル的流れの最後の部分を事実に即して描くとしたら、このようになります。ここには一点に集められた凄い緊張が見られ、これはあたかも「エーテル体の中に入るぞ」と言っているかのようです。ここで、この頭部のエーテル的流れとぶつかる別な流れがリンパ系から発するのが見えます。記憶が形成されようとしているときには、ちょうどプラスとマイナスの電極がもの凄い電圧で互いを打ち消し合おうとするのと同じように、脳の中に二つのエーテル的流れがもの凄い力で集約されるのです。この二つのエーテル的流れは実際に合流し、そ

22

れによって表象が記憶表象になり、エーテル体の一部になります。
　こうした超感覚的現実、生体内のこうした超感覚的流れは人間の生体にも現れています。つまり、こうした流れによって知覚可能な肉体器官が作り出されているのです。間脳には、記憶表象にならんとするものが目に見える形で表現されています。脳内の別な器官がそれに対置していますが、それは下部の諸器官から来るエーテル体の流れの現れです。エーテル体内における二つの流れが肉体的・感覚的なものとなってこの二つの脳内器官として現れていますし、これらはまた同時に、エーテル体内でそうした流れが生じていることを示す最終的な徴《しるし》でもあります。これらの流れがしっかりと集約され、生体内の素材を取り込み、密に固まってこれらの器官になったのです。そして実際に、一方の器官からもう一方に向かって明るい光の流れが放射するのが見えます。この記憶表象を作り出さんとする肉体器官は松果体であり、それを受け取る側は脳下垂体です。

23 ここは身体の中で非常に特別な部位です。ここでは魂的なものと体的なものが協働し、それが肉体器官としても表現されているのです。

24 以上の原理的なことの紹介で今日の講義を終わりたいと思います。この先の明日以降、さらに詳細に述べ、正確な証明も付け加えたいと思います。次のような考えを、正確に持ち続けることが大切です。まず、超感覚的なものの研究が可能であること、さらにはその超感覚的なものが肉体的に表現される場合どのようなものができうるか、そして、それが実際に存在するか、を問うことができる点です。ここでは、実際その通りであることを見てきました。ここで取り上げているのは、超感覚的なものへの入り口となる感覚的なものです。ですからこれらの諸器官について述べていることを、物質科学が非常に怪しげなものと見なすのもご理解いただけると思います。さらには、外的学問ではこれらの諸器官について、まったく不十分で曖昧な情報しか提供できない点もまた、ご承知いただけると思います。

- 肺から直接取り込まれた外界
- 感覚器官を介して取り込まれた外界

の三つが関連している。

### 感覚知覚からの作用と栄養物からの作用

第16段落

感覚知覚からの作用は魂的であり、栄養物からの作用は体的（物質的）である。この魂的作用と体的作用の関連は、現代の科学では解明されていない。

### 魂と物質をつなぐエーテル体（記憶を例に）

第18段落

魂的レベルの作用と体的レベルの作用の中間にはエーテル的レベルの作用があり、それを認識しなくては両者を結びつけることはできない。記憶の際にはエーテル的レベルの作用が生じている。

### エーテルの流れと二つの脳内器官

第20段落

魂的作用によって、心臓から上方に向かい松果体に達するエーテルの流れがおきる。また、体的作用によるエーテルの流れは脳下垂体に集約される。そして、この両者がスパークのように出会うことで記憶が生じる。

## ■第4講

### 脾臓は重要器官であるが摘出可能

第1段落

- 霊的な働きが重要な臓器…脾臓など（摘出可）
- 物質的働きが重要な臓器…腺器官（甲状腺…次講）など
- 両方とも重要な臓器…腎臓、肝臓など

### 脾臓のより重要な働き

第6段落

脾臓のより重要な働きは、リズムの自己化ではなく、肝臓や胆汁との協働による栄養物の自己化である。

### 外界とのかかわり

第8段落

脾臓、肝臓、胆汁による栄養物の自己化は外界の否定である。人間は外界を否定せず、そのままのかたちで取り込んでもいる。それが肺による酸素摂取である。

### 内界と外界の出会い

第9段落

そのまま取り込まれた外界である酸素と、外界性を否定され内界化された栄養物は心臓で出会う。

### 内界と外界の調和

第10段落

内界と外界は出会っただけでは調和せず、腎臓が両者を調整する。

### 内臓と太陽系

第12段落

太陽系と内臓は対応し、脾臓＝土星、肝臓＝木星、胆汁＝火星、心臓＝太陽、肺＝水星、腎臓＝金星である。

### 血液にかかわってくるもの

第14段落

自我の道具である血液には、

- 変容された栄養物

# 第五講

一九一一年三月二四日

## 超感覚的作用系と肉体的器官（栄養摂取）

1

考察を先に進める前に、今後必要になる概念をいくつかご紹介します。その中でもとりわけ重要なものをまずお話しいたします。霊学やアントロポゾフィーで言う《肉体器官》、もっと突っ込んだ言い方をするなら《器官の物質的表現》とはどのようなものでしょうか。すでにご理解いただいたように、たとえば肉体の脾臓、つまりその素材を取り除いても、アントロポゾフィー的な意味での《脾臓》活動は損なわれませんでした。そうした器官では、肉体器官を切除しても、該当の器官の活動や内的な活性が生体の中に残るのです。…もちろんすべての器官についてあてはまるわけではありませんが…脾臓のような器官では、物質・肉体的に知覚可能なものは無視することができ、それがなくともその器官特有な働きは残ります。つまり、そこで機能を保ち続け、残るものとは、生体の超感覚的な部分と考えざるを得ません。これからお話しすることにこうした概念をあてはめて考えていただきたいと、切にお願いしたいのです。

2 私たちの霊学の意味において脾臓、肝臓、胆汁、腎臓、肺等々といった器官名を語るとき、それは決して物質的に知覚可能な器官を指すのではなく、第一義的には器官において働く超感覚的本性に属する作用系を指します。特に脾臓では顕著ですが、霊学の意味で諸器官を語る際には、外的・物質的には見えない作用系をまず第一に考える必要があると思っていてください。今、黒板に描いているこれを物質的には見えない作用系であると考えてください。これは超感覚的知覚が育つと見えるようになります。

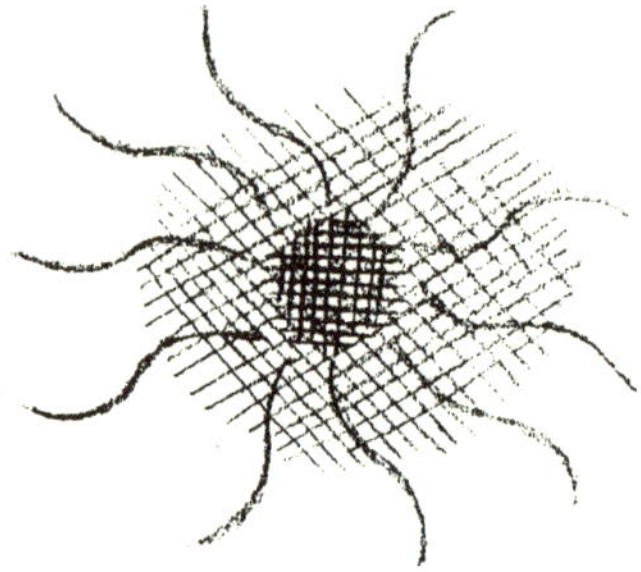


3 一例としては、脾臓周辺に超感覚的作用系が見られます。眼前のリアルな人間有機体がこのような超感覚的作用系で満たされていることを考慮するなら、「この超感覚的作用系と感覚的物

質素材とは、どう関係しているのか」、と問う必要があるでしょう。

4 見えない諸力が空間を通り抜けうる、と考えるのはさほど難しくはないはずです。たとえば、ビンが空でも実際にはその中に空気が入っている、ということを知らない人は「ビンは空だ」と考える、と思ってください。たとえば、ビンの中に空気があることを知らなければ、「ビンは空だ」と思う人がいるでしょう。ビンをテーブルに置き、きちんと密着する漏斗を差し込み、漏斗に水を勢いよく注ぎます。すると水はビンの中には入らず漏斗に残ります。ビン内の空気の圧力で水がはね返され、中に入らないのです。「ビンは空だ」と思う人はちょっと驚くでしょう。それでもこの事実から、ビンには見えない何かが入っていて、それが水を押し返していると理解するでしょう。この考えを拡張すれば、空間が、メスでも切れない超感覚的作用系に満たされていて、仮にその作用系の表現形である肉体器官、たとえば脾臓が病気でも、その作用系自体は影響を受けないこともある、と考えるのも決して難しくないはずです。超感覚的な作用点、作用線に沿って物質的素材が引きつけられ、その結果そこに肉体的器官が生じる、と考えなくてはならないのです。こうまとめられるでしょう。たとえば脾臓の部位に目に見える脾臓がある理由は次の通りです。「その空間を特定の仕方で満たしている作用系が素材を引きつけ、その素材がそこに蓄積し、解剖学的に観察されうる外的な脾臓になっている」。

5 人体内のあらゆる器官がこのように考えられます。それらはまず超感覚的に準備され、さまざまな超感覚的作用系の影響下で物質的素材に満たされたのです。ですからこの作用系では、まず非常に多様に物質的素材を秩序付ける細分化した超感覚的有機体を見て、さらにはその不完全な反映である肉体的器官を見る必要があります。このように考えますと、超感覚的作用系とそこに組み込まれた物質的肉体的器官との関係がわかりますが、それだけでなく、これは全生体における栄養摂取の概念でもあるのです。全生体にとって、栄養摂取とはどのようなものでしょうか。栄養物を体内に取り込み、その栄養物に働きかけ、諸器官に運び、器官を素材で満たすことに他なりません。この先の話では、この拡張された栄養摂取という考え方で、種々の器官系で栄養物が引きつけられていく様子や、胎発生段階の様子を見ていこうと思います。つまり、包括的な意味での栄養摂取とは、超感覚的な作用系、超感覚的な有機体によってそれぞれの栄養素材が引きつけられ、多様な仕方で肉体的器官の中に組み込まれることを意味します。

## 各臓器で異なる四構成要素の関与度

6

肉体より一段高次で、超感覚的なものの中で最初の構成部分であるエーテル体は、超感覚的構成部分としては最も粗雑なものではあるにしろ、生体全体の根底にあり、一つの超感覚的な原像とも言えます。このエーテル体も内部はさまざまに分化し、多種多様な作用系を持っています。そして、取り込んだ栄養素材を自分自身に組み入れていくのです。人間有機体の原像とも見なされうるエーテル体の次には、より高次の構成要素であるアストラル体と呼ばれるものがあります。この両者がどのような関係にあるかは、次の講演で示そうと思います。アストラル体が組み込まれるには、肉体的有機体だけでなく、エーテル的有機体が基盤として準備されていなくてはなりません。つまり、アストラル体は肉体とエーテル体を前提にしています。さらにその上には、人間の自我と呼ばれるものがありますので、人間の構成体は都合四つの部分からなることになります。エーテル体自体がある意味での作用系であり、栄養物を自らに引きつけ、肉体器官を特定の仕方で形づくっている、とイメージできると思います。さらに次のように考えることができるでしょう。そのような作用系がエーテル体だけではなく、アストラル体によっても方向付けられていること、またアストラル体が力を放射していて、もし私たちが肉体を除外して考えることができたなら、まずそこにはエーテル的作用系があり、さらにはそのエーテル的作用系に、ある特定の仕方で入り込んでいるアストラル体があります。さらには、そこに自我からの放射が差し込んできている、とイメージすることもできると思います。

# 7

さて、ある器官では、その最も本質的な部分へのエーテル的流れの影響が、ほんのわずかである場合もあります。その器官の部位をオカルト的に検査しますと、その器官のエーテル部分はほとんど分化しておらず、エーテル的作用系はわずかしか見えず、それに対し、強力なアストラル的諸力がこのエーテル的部分に影響していることがわかります。このような器官で物質的素材が組み込まれる際には、エーテル体がその素材を引きつける力は弱く、素材を引っ張るのは主にアストラル体の働きであり、結局のところ、該当の素材を引き込んでいるのはアストラル体の直接的な働きのように見えるのです。ですから、人間の諸器官にはさまざまな軽重があることがおわかりになると思います。つまり、主にエーテル体からの作用系に左右される器官、アストラル体の流れによって決められている器官、さらには自我からの流れにより強く影響されている器官、というものがあります。これまでの講演内容から、血液系とそれに関連する器官系には、自我の放射が非常に強く影響していることがおわかりでしょう。つまり人間の血液は自我の流れや放射と関連しているのです。他の器官系はまた違った超感覚的構成体の軽重を持ち、その軽重の違いがそれぞれの器官の特質を決めているのです。

8

しかしまた逆に、…今度は高次の構成体を無視して…肉体をそれ自身として見ますと、これも一つの作用系と見ることができます。外界において諸素材はそれぞれ独自の法則性を持ち、それが生体内に適合するかたちに変化させられ、組み換えられて肉体となっていると考えられます。すなわち、肉体もまた作用系なのです。ですから、今度は物質有機体がエーテル的作用系に、そしてアストラル的作用系にまで影響を及ぼし、さらには自我システムにまで及ぼし返す、ということも考えられます。エーテル的作用系は、単にアストラル系や自我系から影響を受けるだけではなく、器官によっては肉体的な作用系から支配的な影響を受けることもあると考えなくてはなりません。このように肉体的要素が支配的であり、人間のより高次の構成体からの影響が少ない器官もあります。そうした器官とは、より広い意味での分泌器官であり、腺器官やすべての排泄器官です。直接に物質素材を排泄するあらゆる排泄器官において…この排泄とは純粋に物質世界に本質的な意味がありますが…排泄のきっかけは、この肉体的な力なのです。特に物質の排泄に特化している器官の場合には、次のことを忘れてはいけません。主に肉体的作用系の道具である器官の場合、病気、機能不全、切除といった事態に陥りますと、生体は必ず破壊され、発達が阻害されたり、最終的には生存も脅かされます。たとえば脾臓のような器官の場合、昨日お話しいたしましたように、疾病、機能不全、手術による切除などの状況になっても、他の器官の場合に比べて、肉体にもたらされるマイナスははるかにわずかでした。なぜなら、脾臓では人間本性の超感覚的構成体であるエーテル体、そしてまたアストラル体から特別に強い働きを受けているからです。肉体的作用系が優勢であるような器官ではこうはなりません。たとえば、甲状腺の疾病の場合、特定の病気では甲状腺がしばしば肥大し、いわゆる甲状腺腫にまでなることがありますが、そうなりますと、生体全体に大きな害を及ぼします。しかし甲状腺は、完全に機能不全に陥ってしまっても、すべてを切除してしまってはいけません。なぜなら、甲状腺の働きは外に向かっており、物質的過程をコントロールし、人間の生体全体における物質的な出入りにとって本質的に重要な意味を持つからです。

## 9

さらには、人間の高次の構成体に非常に高度に依存していながら、同時にまた物質有機体に密接に結びつき、その物質的諸力の影響を受けながら物質を排泄（分泌）する器官もあります。そのような器官とは、たとえば肝臓や腎臓です。これらの器官は、脾臓と同じように人間有機体の超感覚的構成要素、つまりエーテル体とアストラル体にコントロールされますが、それと同時に、言わば肉体的諸力にも囚われており、物質的作用系の影響下にもあります。それゆえこれらの器官では、脾臓などに比べてより高度な意味で、肉体的にも健康であることが重要です。脾臓では肉体的な問題はわずかで、超感覚的構成体の働きがはるかに優勢だからです。このように、脾臓では物質的部分の意味が小さく、それゆえ非常に霊的な器官であると言えます。こうした理由で、事情がよくわかっていたオカルト的サークルの文献では、古くから、脾臓が特に霊的な器官であるとされ、またそのように記述されてきました。

10

これで生体全体に関連するおおよその概念が得られました。それぞれの器官を超感覚的な作用系と見なすことができ、そこに広い意味での栄養過程の働きによって物質素材が蓄積されていく、と見なすのです。さらに次の概念を知っておく必要があります。「人間にとって摂取とは何を意味するか」、という概念です。ここで言う摂取とは、素材の摂取の意味もありますし、魂的活動による精神的な摂取でもあり得ます。たとえば、知覚も一つの摂取なのです。また、排泄、素材の廃棄とは何を意味するでしょうか。

## 排泄の意味

11

広い意味での排泄プロセスの方から見ていきましょう。摂取された栄養物の大部分を、消化管を通して排泄していることはご存知でしょう。また、肺からは炭酸ガスを排泄していることもご存知でしょう。さらには腎臓にも排泄プロセスがあり、もう一つは皮膚でなされています。最後に挙げたものでは、汗が出ますから、皮膚においてもより広い意味での排泄プロセスが行われています。そしてまたこれは、身体の一番外側の部分、一番外側の領域で行われている排泄プロセスであると言えます。この一番外側という点に注意していただきたいと思います。そこでまず、「人間にとって、排泄プロセスはいったいどのような意味を持つのだろうか」を考えてみましょう。

## 12

排泄プロセスの意味を明確にできるのは、唯一、以下のような考え方です。今日の論考による概念抜きには、人間有機体について考えが進まないことがおわかりになるはずです。さて、排泄プロセスの本質を突き詰めていくために、まずそれとは別な概念を紹介したいと思います。その概念は排泄プロセスとは非常にかけ離れた、人間の自己知覚に関係する概念です。皆さんがどこかを歩いていて、不注意にも何かにぶつかったと考えてみてください。基本的にはそれも一種の自己知覚と言えるでしょう。こうした衝突とは自分自身の知覚なのです。衝突という外的出来事が内的出来事に転化することによって自己知覚が生じています。異物との衝突とは皆さんにとって何でしょうか。それは痛みの原因です。この痛みの過程は、純粋に皆さんの内側で生じています。つまり、この内的な過程が、路上における障害物との衝突で生じました。障害物の知覚によって、内的なプロセス、つまり衝突の痛みが喚起されました。自己知覚を体験するためには、他者である物体と衝突し、内面で痛みを感じさえすればよいことは、簡単にお

13

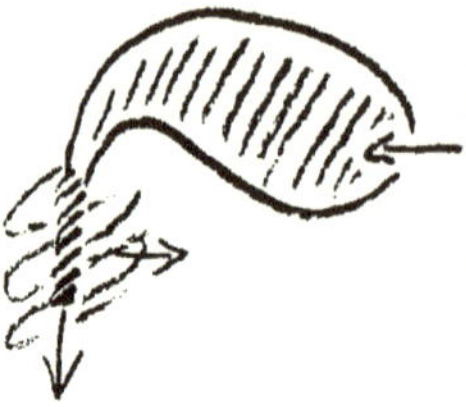

わかりになるでしょう。こう想像してみてください。暗闇の中で、まったく未知の物体とぶつかり、さらには衝突があまりに激しく、その物体の正体がまったくわからず、ただ衝突の作用としての痛みだけを感じ取る、と仮定するのです。衝突を感じ取るにしても、その効果としての内的体験だけを感じ取るのです。この場合の皆さんの体験は内的出来事そのものですし、それが本質です。皆さんはもちろん「何かとぶつかった」と言うこともできます。この場合もまずは内的体験があり、それを外的な障害物と無意識に結びつけ、そう結論しているのです。

以上からおわかりのように、人間が自分自身の内面を知るのは抵抗との出会いによるのです。抵抗との出会い、それに伴う内面での実体験、自己知覚、内的体験という概念を身につける必要があります。今はこれらの概念を非常に大まかに導き出してきたと言わざるを得ませんが、まさにこの概念が、もう一つの概念、つまり人間有機体における排泄という概念に結びついていくのです。人間有機体が何らかの器官系、たとえば胃に何らかの物質を取り込むとしましょう。するとその器官系は活動し、摂取された物質から何かを排泄し、言わば何かを分離し、その素材全体から何かを取り除きます。つまり器官の活動によって、素材全体が言わば濾過された繊細な部分と、排泄されるべき粗雑な部分に分離されます。素材が、さらに利用され変化していく素材として他の器官に取り込まれるものと、排泄され、さらに体外に追いやられるものの二つに分かれます。

## 14 排泄による自己の意識化

この地点において、以後利用されない不要な素材が外に追いやられますが、これは今述べた障害物との衝突の一つのヴァリエーションです。これは、摂取された素材の流れにおける衝突なのです。素材が器官内に取り込まれますと、言わば障害物にぶつかり、そのままの状態を保つことはできません。変化しなくてはならないのです。言わば器官がこう語りかけるのです。「お前はそのままでいることはできない。変わらなくてはならない」と。つまり、素材が抵抗に出会い、変化した部分はさらなる素材として利用されますし、かなりの量は押し出されなくてはなりません。素材の流れにとって、体内の器官とは、路上で私たちが出会う障害物と同様、障害物なのです。生体内のさまざまな器官がそうした抵抗です。排泄によって、まさに私たちが排泄器官を持つことによって、一つの可能性が与えられているのです。つまり、生体が自己完結的であり、また自己を体験する可能性が与えられるのです。なぜなら、ある存在が自己体験できるのは、抵抗と衝突するからなのです。このように、排泄プロセスは人間にとって重要です。つまり、生きた有機体が自分自身を閉じるためのプロセスなのです。もし排泄プロセスを持たなかったら、人間は閉じた存在ではなかったはずです。

15
　摂取された栄養物や酸素があたかもホースの中を通り抜けるようにスルッと通り抜けてしまい、器官による抵抗が何もなかったと考えてみてください。その結果、人間有機体は自身の内面を体験できず、周囲の世界とつながっているようにしか体験できないでしょう。また、人間有機体の中にもの凄い抵抗があると仮定してみましょう。物質の流れが固い壁にぶつかり、反射しはね返されるのです。しかし、これでは人間有機体の内的な体験にかかわることはありません。なぜなら、栄養物や酸素の流れが、一方から入ってホースの中のように通り抜けてもう一方から出ていく場合でも、それが反射されてしまう場合でも、いずれにしても内的な体験は生じないのです。前に、表象が神経系においてはね返されますと、神経系が内的体験と離れてしまう、というお話をしましたが、その理由は、この完全な反射から考えることができます。外からの流れが人間有機体を通る際に、単に通り抜けてしまう場合も、完全に反射される場合も同じなのです。人間有機体にとって自己体験を可能にしてくれるのは排泄なのです。

16
　人間における中心的器官、つまり血液を見てみましょう。血液は酸素摂取によってフレッシュになりますし、自我の器官でもあります。これらの点に関連して次のように言えるでしょう。

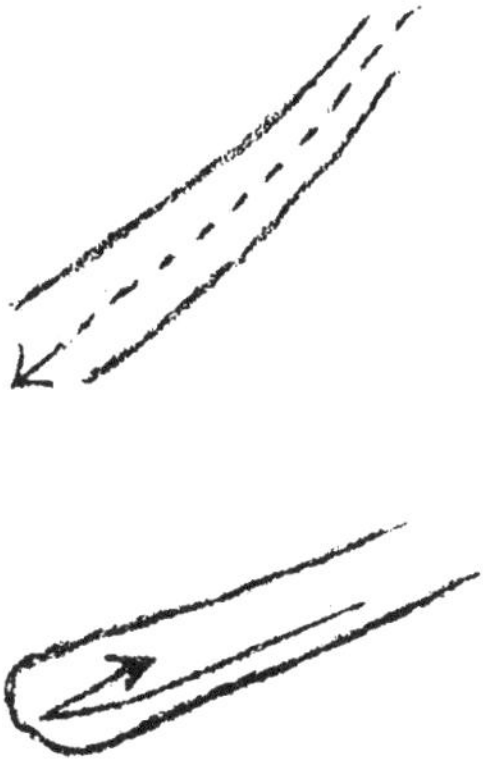

「もしも血液が、生体内を循環しても何の変化もしないなら、血液は自我の器官ではあり得ない。最も高度な意味で人間の内面体験を可能にする器官ではあり得ない」と。血液自身が一連の変化を体験して元の状態に戻ることのみによって、つまり血液の変化に伴って排泄が生じることによって、人間は単に自我を持つだけではなく、物質的に知覚可能な器官である血液の助けによって、自我を体験することもできるのです。

## 17 皮膚と人間のフォルム

これが排泄という概念なのです。さて、人間の最も外側の器官における排泄の様子をまず考えてみる必要があるでしょう。一番外側で排泄を行うにあたっては、必然的に生体全部がかか

18

わると考えるのは難しくはないでしょう。排泄プロセスと関係し、また生体全体を包む器官に生体内のあらゆる流れが必然的に衝突していきます。この器官とは、ご承知のように皮膚です。皮膚を広義に考えますと、当たり前ですが、それは人間のフォルムをなし、人間形姿にとって重要な器官です。自分自身をその一番外側の覆いにおいて体験することができるのは、皮膚という器官が人間のあらゆる流れと衝突するからです。ですから、皮膚に形取られた人間特有のフォルムは、生体内の諸力の表現であると考えざるを得ません。

ここで、「この皮膚という器官をどのように捉える必要があるか」を考えなくてはなりません。皮膚とその関連の器官を含め、どう考えたらよいのでしょうか。この詳細もいずれ見ますが、今日はとりあえず大まかな特徴を見ていきます。まず、次の点を踏まえておかなくてはなりません。つまり、自己観察によって得られる認識などの意識的な体験では、皮膚が形づくる形態は理解できない、という点です。私たちは体表の形態形成にはほとんど関与できませんし、同様に、表皮に随意的な意識で直接に入り込むことはできないのです。表情やしぐさといった皮膚の運動に関しては、意識的な活動から影響を及ぼすこともできますが、身体表面の形態やフォルムには何の影響も与えることができません。もちろん、地上を生きる人間が、自分自身の外的身体フォルムにごく限られた範囲で影響を与えうる、ということはあります。ある人と知り合ってから十年か二十年後に再会したとしましょう。その間にその人が、深い内的な体験によって、物を対象にした認識ではなく、人生の運命にかかわる、《血を代償に》得られる認識を体験していたならば、今述べたことがすぐに見て取れます。このような場合には、狭い範囲ですが、人相が変わります。つまり、限度はあるものの、人間が自身の形態形成に影響を及ぼすのです。しかし、そうした変化がごくわずかであると言っても、どなたも異存はないでしょう。形姿の決定には、私たちの恣意や意識は何の影響も及ぼしません。さらに、「人間形姿は完全に人間本性と対応していて、深く見れば、人間のいかなる能力も、現在の人間形姿なしには生じえなかった」と言う必要があります。人間の能力とは、人間形姿と関連しているのです。たとえば、額の形状が今とは異なっていたら、それは、別な能力のための条件になります。頭部の形態形成、頭蓋骨の構成などなど、外的形姿が異なっていれば異なった能力が生じるのです。それを解明しつつ研究もできるはずです。そして、人間形姿と内的本性全体とが呼応していることを把握できるはずです。そう、外的形姿と内的本性が完全に対応していることを把握するのです。両者を相応させる諸力は、人間の意識的な活動ではありません。ところが、人間の形姿は精神活動や魂的営みと関連していますから、次のように考えるのは難しくはないでしょう。つまり、「人間の肉体的形姿を実現させる諸力は、人間が自分自身で育てる諸力とは異なる領域からやってきている」と。知性、感情、感受性などなどの力を地上界で育てることができるための前提条件、それこそが人間の特別な形姿なのです。人間のこの形姿が与えられていなくてはならないのです。人間が人間としての能力を持つためには、この形姿が与えられていなくてはなりません。この形姿が本来利用されるべきところで使われるために、まず別な側からこの形姿が作り上げられる、と申し上げてもよいかと思います。この概念はさほどの困難なく理解できるでしょう。機械を考えてみればよいのです。機械に何かの仕事をさせるためには、目的に合わせて知恵を注ぎ、組み立てなくてはなりません。そうした機械を完成させるには、まずその機械にやらせる仕事と似た仕事全体を実行し、その後にパーツを作り、組み立て、機械の形ができあがってきます。完成した機械の動作を観察し理解しますと、そこでの力学的な事柄はすべて納得できます。考えつつ観察するならこう問うでしょう。「これを作ったのは誰なのか」と。組み立てられているということは、この機械が特定の目的に向けて作り上げられたということを意味し、そこには目的意識を持った精神的な活動があったことが示されています。機械の力学を説明する際には、形成の際の精神活動がその場にある必要はありませんが、その活動は機械の背景として存在しているのです。

19 それと同じように、次のように言うことができます。「生体には形態形成によって諸フォルムがすでに与えられている。そしてそれによって私たちは、人間としての諸能力を発達させることができる」と。しかし、こうした人間の形態形成の背後には形態を与える諸力、フォルムを与える諸力が存在していなくてはなりません。ただそれは、完成した機械を前に機械製作者が意識されることがほとんどないのと同じに、まず気付かれることはないのです。

20 この考えを理解しますと、同時に別な事柄も完全に説明ができます。物質主義者は、「この物質界の背後に、知性的諸力や意識を持った創造的存在を仮定する必要などあるのか」と言うでしょう。物質界はそれ自体、物質界における諸法則で説明がつきます。たとえば、時計や機械も、現存の諸法則から説明できます。この地点こそ、物質主義者にとっても、スピリチュアリストにとっても、重大な誤りを犯しやすい落とし穴なのです。たとえば霊学信奉者が性急に、「眼前のフォルムを持つこの人間生体は、力学的・機械論的な法則などでは説明できない」としてしまったら、それはもちろん行き過ぎで、まったくの間違いです。人間生体は、時計と同じく、既存するそれ自体の法則によって完全に説明できます。しかし、時計がその固有の法則から説明できるからと言って、時計の背後に時計の発明者、時計職人や、彼らの精神活動なども存在しない、とは結論できません。物質主義側からのこのような反論は、今の論法で退けられます。それでも霊学者もまた、人間生体はそこでの諸法則で説明しうる、という点を完全に受け入れなくてはなりません。本当の意味で霊学的に考えるには、人間形態のいかなる部分にも、その背後に、形成的諸存在、つまり人間的フォルムの基盤を探さなくてはならないのです。人間フォルムの成り立ちを把握するには、「人間的フォルムが成り立つのは、一方ではフォルム形成的諸力が展開するからであるが、もう一方でそのフォルム形成的諸力が境界で働きを終えることによってである」と考える必要があります。皮膚形成には、人間内の形成的諸力が空間的に働きを終える意味を、最も純粋に見て取ることができます。線ABを外側のフォルムとして模式を描いて考えてみましょう。フォルム形成諸力は周辺部まで到達し、この線で示した外的フォルムのところで終わります。

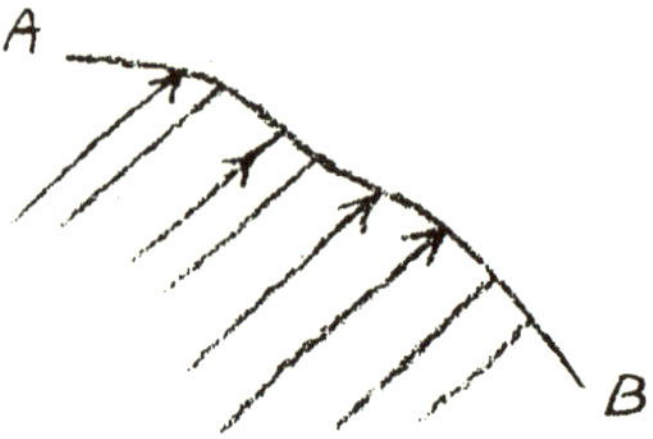


## 内臓における排泄

21

この先、皮膚の内側で起きているあらゆる事柄を認識するために、先述の概念が必要になってきます。さらには、外側から働きかけてくる諸存在や活動の終点は、皮膚に存在するだけではなく、生体内部にも見られるという点も、きちんと理解していなくてはなりません。これまでの私の話で人間の内部にもそのような活動の終点があることがおわかりになると思います。そして、その終点に関して私たちは、表面形成にまったくかかわっていないのと同様に、まったく関与していません。そして、まさにそのような活動が、肝臓、胆汁、脾臓を実際に作り上げています。摂取栄養物を蓄積していく諸力が生体に流れ込みますが、その諸力が抵抗にぶつかってそこで止まります。つまり、器官の中で素材それ自身の外的活性が変容させられるのです。このフォルム付与力は皮膚までは有効で、皮膚の外側にはもはや存在しません。フォルム付与力についての事情はこうですが、栄養物や空気を流れとして内側に運ぶ力では事情が異なります。外側から流れとして入り込んでくるものが完全に停止するのではなく、そこで変形されると考えなくてはなりません。皮膚では外側には何もなく、そこで終わっていますが、こうした器官では素材の活性が器官によって変化させられます。その変化とは、器官の側から見れば摂取される栄養物の流れ（図のa）が、抵抗とぶつかった後で変化しさらに進んでいくことになります（図のb）。つまりここでは変化が重要ですし、これは特に内界惑星系と呼んだ諸器

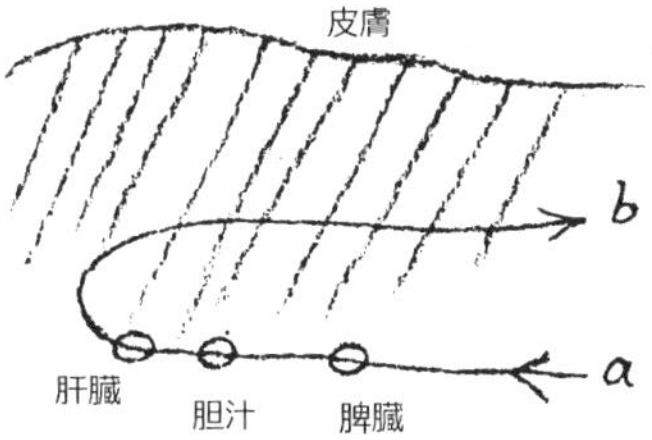

官にあてはまります。これらの器官は素材の外的活性を変化させます。この力は、生体全体を形成するフォルム付与力の対極として、運動諸力と呼ぶことができるでしょう。内界惑星系の中で、栄養物の内的活性を変化させ、さらに次へと運動させるこれらの諸力、それを諸器官内の運動諸力と呼ぶことができます。

## 自律神経系の役割

22 人間有機体の考察がさらに一歩前進し、こう言えるところまできました。「人間有機体の中には、外から、私たちの意識では知覚し得ない諸力が入り込み作用している」と。あらゆる活動が意識の地平下で行われています。肝臓、胆汁、脾臓などの活動を、誰も通常の意識では観察できません。ここで問いが生じます。「生体には魂の営みが組み込まれているにもかかわらず、諸器官におけるフォルム付与力や運動諸力の活動を知覚できないようにしているのはいったい何か」と。実際、私たちの内側ではもの凄い活動が展開されています。どうしてそれについて知ることができないのでしょうか。

23 脳脊髄神経系の役割は、感覚を通して得られる外からの印象を血液にまで導くことにありました。つまり、外界の成り行きの印象を、自我の道具である血液に取り込むことでした。このように、脳脊髄神経系の役割は通常の自我意識の役に立つことでした。それとまさに同じように、

24

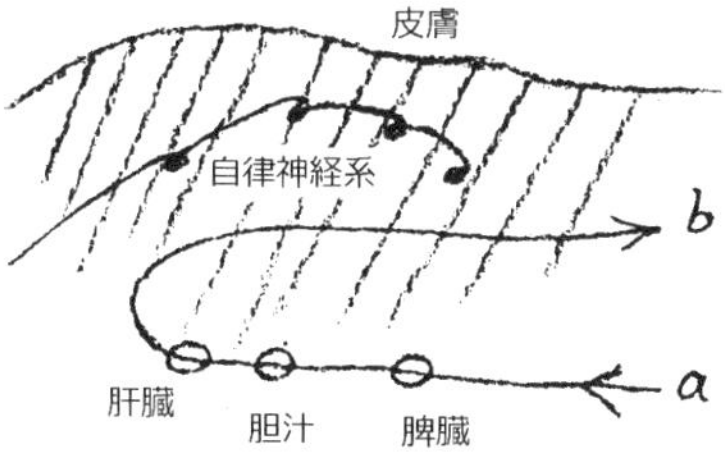


神経節と神経分岐を持った自律神経系は、内界惑星系につながりつつ、体内器官における諸過程を自我の道具である血液に入り込ませず、血液から隔離する働きをしているのです。

このように、自律神経系と脳脊髄神経系は逆の役割を果たしていて、それが両者の性質や構造が異なることの説明にもなります。脳脊髄神経系の働きが、できるだけきちんと外界の印象を血液に導くことであるのに対し、自律神経系の働きは、摂取された素材の固有の活性を絶えず自我の道具である血液から切り離しておくことなのです。消化プロセスを観察しますと、まず外界の栄養物を摂取し、次にその栄養物が持っている固有の活性を抑え、最後にこの活性を内界惑星系によって変容させます。私たちにとっては、外界は絶えず知覚されますが、内的諸器官の働きはまったく知覚されません。それは、脳脊髄神経系では外界からもたらされたものが血液にまで伝えられるのに対し、内的な一連の出来事は、自律神経によって血液に至る前に止められることによるのです。内界での成り行きを自我の道具である血液にまで入り込ませないようにし、自我意識に入り込むのを防ぐのが、自律神経系の役割なのです。

25 すでに何回も申し上げていますが、人間の外側での営みと、エーテル体内などの内側の営みとは互いに対極をなしていて、この内外界の営みという対極から緊張関係が生じます。この緊張関係は、すでに見てきましたように、脳内器官の松果体と脳下垂体において最も強烈に現れています。

26 昨日と今日の話をまとめますと、次の考えをより容易に理解できるでしょう。つまり、外側から流れ込んでくるあらゆるものは、血液循環とできるだけ密接に関係すべく、対極である内側からのものと一体になろうとします。さらに、この内側からのものは、意識されないように自律神経系によって止められています。外から脳脊髄神経系を介してやって来たものを、もう一方の側から来たものと結びつくようにする地点が松果体であり、内側からのものを血液に伝えないようにするにあたっての最後の前線が脳下垂体なのです。脳のこの部分で、二つの重要な器官が向かい合っているのです。体内の体験は意識には上りません。もしも消化プロセスのすべてを意識と共に行ったりしたら、大変な障害を受けるでしょう。それを自律神経系が抑えているのです。この二つの神経系間の関係は、松果体と脳下垂体との緊張関係としても現れていますが、これが適切な状態にありませんと、一方からもう一方に霧状態が入り込んだり、一方がもう一方を阻害したりする状況になります。こうした相互干渉の例は、不規則な消化器系の活動が不快感として意識化される場合を挙げられます。この場合…まだまだぼんやりしたものではありますが…通常なら意識されない体内の営みが意識内に入り込んできています。しかし、入り込んで来たものはそのままのかたちで意識化されるのではなく、今述べた道筋で明らかに変化しています。あるいは特殊なケースとして、意識に起因する情動、激怒、憤慨、驚きなどが生体内へ特に強く入り込むことがあります。この場合は特に、消化系、呼吸系、さらには血液循環など意識に上らないものが、情動や魂の内面から湧き上がってくる興奮によって害を受けます。人間本性の二つの側面が互いに作用し合うのです。

27 このように私たちは、実際、二重性の人間として世界に存在していますし、今日はその二重性を見てまいりました。一方は脳脊髄神経系を介した外界の体験で、そこでは外界の印象を自我の道具である血液にまでもたらします。もう一方では体内世界を体験しますが、自律神経系がそれを血液に伝わらないようにしているために、その体験は無意識にとどまります。この両極が向かい合う前線があります。この対極関係は、二つの器官の特別な緊張関係としても現れるのです。それがすでにお話しした松果体と脳下垂体です。

28 これを元に、考察をさらに続けていきたいと思います。

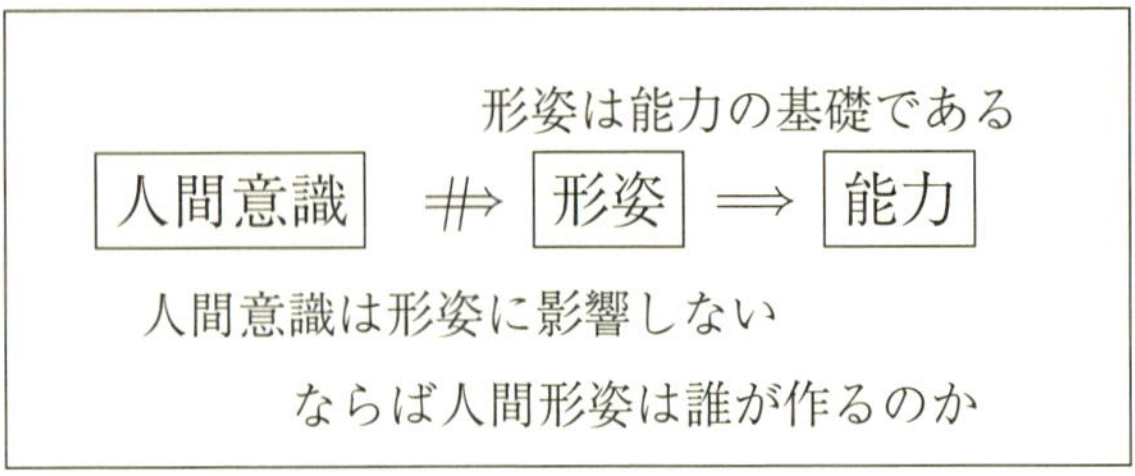
形姿は能力の基礎である
人間意識 ⇏ 形姿 ⟹ 能力
人間意識は形姿に影響しない
ならば人間形姿は誰が作るのか

また皮膚とは、そこで形成的諸力が終わる器官である。

## 内臓における排泄

第21段落

内臓でも排泄はあるが、その物質の流れはさらに利用される。その意味で、皮膚とは様子が異なる。そこですべてが終わる皮膚での力をフォルム付与力とするなら、作用が先へまだ続く内臓での力は運動諸力と呼ぶ。

## 自律神経系の役割

第22段落

自律神経は、内臓器官などの働きを血液に伝えず、自我がそれを意識しないようにしている。この非自覚化の極が脳下垂体で、自覚化の極が松果体である。そして両者には緊張関係がある。

## ■第5講

### 超感覚的作用系と肉体的器官（栄養摂取）

第1段落

超感覚的であるアストラル的作用系が存在し、それによってエーテル的作用系が制御される。エーテル的作用の支配下で栄養物が蓄積することによって諸器官が作られる。これが《栄養摂取》の本来の意味である。

### 各臓器で異なる四構成要素の関与度

第6段落

各臓器には四構成要素が関係するが、器官によって自我的支配の強いもの、あるいはアストラル的支配、エーテル的支配、肉体的支配が強いものが存在する。

### 排泄の意味

第11段落

排泄とは衝突であり、それによって自己を確認する。

### 排泄による自己の意識化

第14段落

排泄では、何らかの流れが生体によって堰き止められ、その一部は通過し、他は拒絶される。この衝突体験によって、人間は意識を獲得する。完全通過（ホース）や完全反射では自己の意識化は生じない。

### 皮膚と人間のフォルム

第17段落

皮膚のフォルム（人間形姿）には、基本的に意識の側から作用することはできない。ところが、自分からは働きかけることのできないこの人間形姿こそが、人間能力の基盤になる。また、（直立と知能など）形姿と能力の相関関係は通常の学問で把握できる。しかし、人間形姿の由来は高次の諸力に求める必要がある。

# 第六講

一九一一年三月二六日

## 皮膚には血液、神経、腺組織、物資移送が存在

1

昨日までの話で、肉体的有機体としての人間は、皮膚によって、外側に対してある意味での境界を作っていることがおわかりになったと思います。ここで行ってきた考察方法で人間生体を捉えるなら、次のように言う必要があります。「人間生体の種々の作用系は、ある意味で、皮膚において、その外側に向けての作用を終えている」と。表現を換えましょう。人間生体は諸力系の総体であり、それらが協働することで正確に、あるフォルムの輪郭を作り上げています。そして、その輪郭こそが、皮膚を境界とする人間形姿そのものなのです。人間の生命プロセスには興味深い事実があります。つまり、外的なフォルムの輪郭には、生体内の作用系すべてが働く様子が像的に表現されている、と言えるはずなのです。皮膚自体に生体のそうした様子が表現されるとするなら、皮膚だけを取り出しても、その中に何らかのかたちで人間の全体が見いだされなくてはなりません。なぜなら、今ある人間の姿において、皮膚が輪郭として人間自

## 2

身のあり方を表現しているとするなら、人間が持つすべての有機体が皮膚に存在していなくてはならないからです。実際、人間有機体のそれぞれをたどっていきますと、有機体の作用系に端を発するものが、すべて皮膚内にはっきりと存在していることを確認できるのです。

地上における人間全体を見ますと、血液系を自我の道具とし、それによって人間たり得ています。つまり、自我を内に持ち、その自我が肉体系にまで降り、血液として自らを表現しているのです。身体表面、つまりフォルムの境界が全有機体にとって本質的な部分だとするなら、次のように言えるはずです。「この全有機体は血液を介して皮膚にまで作用しているはずであり、人間本性が肉体的なものでもあるとするなら、皮膚にはその人間本性のすべてが表現されているはずである」と。皮膚は数層からなり、身体全体を覆っていますが、そこには実際、毛細血管が観察されます。毛細血管を通して、自我はそこまで自我の力を送ることができますし、皮膚まで人間構成体の表現にすることができているのです。さらに、意識と呼ばれるものの肉体的な道具は神経系でした。境界である身体表面が人間生体総体を表現しているとするなら、神経も皮膚まで伸びていなくてはならず、そこまで意識を届かせている必要があります。皮膚の層には、毛細血管の他に、神経もいろいろに走っています。これらは俗に、必ずしも正確な呼称ではありませんが、触覚体と呼ばれます。目で光、耳で音を知覚するのと同じように、この触覚体で外界を触覚知覚すると仮定されているからです。しかし、実際にはそうではありません。正確に観察しますと、一般に言われる触覚とは、温度感覚等々も含めた感覚活動なのです。

詳しくは、また後にしましょう。つまり皮膚には、自我の身体的器官である血液が見られます。そして、そこには意識の表現として細い神経系の線維が皮膚にまで達しています。

3

生命プロセスの道具となる器官もそこにあるでしょうか。前の講演で排泄の話をしたときに、どうしても自己を閉じる必要がありますし、すでに見ましたように、排泄においてはある種の抵抗がありますから、そこには生命プロセスが表現されていると見る必要があります。存在が内に抵抗を体験しなければ、そうはなりません。存在自身の中で抵抗体験は排泄器官によって仲介されますし、これらは広い意味での腺組織です。腺とは排泄器官であり、その器官にやってくる栄養物に対し、内的な障害物を置くことで抵抗体験をするのです。そうした生体全体に分散する排泄器官が、皮膚にも存在するはずだと考えられます。皮膚にはそうした排泄器官があります。皮膚には、一種の生命プロセスである排泄作用を行うさまざまな腺、つまり汗腺、皮脂腺があります。

4

最後に、生命プロセスよりも下位のものを考えてみましょう。それは物質だけによるプロセスです。この物質プロセスでは素材が器官から器官へと移動します。ここで次の二つを厳密に区別するようにお願いいたします。つまり、内的抵抗を伴う排泄プロセスと、単なる物質移動、つまりある場から別な場への物質の移動とを区別してください。この両者は同じではありません。物質主義的な見方ではこれらを同一視するかもしれませんが、命を含めた現実把握ではそうはなりません。人間生体が行っているのは単なる物質移動だけではありません。いずれにしても、摂取された栄養物などの物質が、いたるところで個々の器官に運ばれています。しかし、栄養物が取り込まれる際には内的な抵抗が生じますし、これは生命プロセスです。これを単なる物質移動と区別する必要があります。体内のあらゆる部分への摂取栄養物の移送とは、生命プロセスより一段下の物質的領域の事柄になります。しかし、排泄においては内的な抵抗が設けられ、言わば生体が自分自身の内面を知覚しますが、これは一つの生命的な活動です。

5　どの器官でも生命活動には物質移送が伴いますし、それは皮膚でも同じです。皮膚を通して栄養物の中から不要物が排除、排泄されます。これが外側に向けての発汗作用で、それに伴って純粋な物質移送も行われています。

### 物質レベルから周到に準備される血液

6　一番外側にある皮膚では、自我の表現である血液と意識の表現である神経系が共に見られますから、これで皮膚の重要な点を特徴付けたことになります。意識現象に関連するあらゆるものを《アストラル体》と表現でき、その意味で神経系をアストラル体の表現と見なすことができます。また、腺組織系はエーテル体あるいは生命体、そして栄養物の移送プロセスを物質体の表現と見なすことができますし、これが正しいことは追って明らかにしていきたいと思います。

その意味で、人間の構成体すべてが、外側との境界をなす皮膚系に実在しているのです。しかしながら、血液系、神経系、栄養系などすべての構成部分は、相互に関連しつつ全体をなしている点、さらには、血液系、神経系などの四つの系を肉体と関連させて考察する場合、生体を二つの側面から見ている点、の二つをしっかり踏まえていなくてはなりません。実際、二つの面から見ていて、とりあえずはこう言えます。「人間生体が地上存在として意味を持つのは、全有機体が自我の道具であるときにおいてのみである」と。それが可能であるためには、まず自我の道具である血液系がそこに存在していなくてはなりません。しかし、他の組織系が血液形成を準備してくれてはじめて、血液系が可能になります。かの詩人は「血はまったく特別な液体だ」と言っていますが、その意味で特別であるだけではなく、容易にわかりますように、また事実もその通りなのですが、他の組織系に依存しなければまったく存在できない、という意味でも特別なのです。他の組織系が準備してくれている必要があるのです。人間の血液のような血液は、人間生体内以外にはどこにも存在しません。ですから、人間の血液について述べられたことを、他の地上生物にあてはめることはできません。もしかしたら、後に人間の血液と動物の血液の関係について述べる時間をとれるかもしれません。外的な自然科学はこうした相違にあまり注意を払っていませんから、これは非常に重要な考察になるでしょう。今日のところは、血液が人間自我の表現であることを述べるにとどめます。他の人間有機構成体すべてができあがってはじめて、血液をいきわたらせ、血液循環を内に持つことができるようになりますし、そうなってはじめて、自我の道具として役立つものを持てるようになるのです。そのためには、人間生体全体がまず作り上げられていなくてはなりません。

7
皆さんご承知のように、地球上には、人間にかなり似てはいても、人間自我を表現することのできない動物がいます。これらの動物では対応する器官系は人間と似た作りにはなっていますが、それでも明らかに違います。血液系より前にできあがっているべき諸器官系の段階で、人間の血液が宿りうる素地がなくてはなりません。まず、人間的な意味での血液系を担いうる神経系が必要です。同様に、人間の血液系を担える腺組織系、栄養器官系が先行して形成されていなくてはなりません。これはたとえば次のような意味です。肉体的なものの表現である栄養器官系においてすでに、自我の準備がなされていなくてはならないのです。最終的には血液が正しい道筋で運動できるよう、栄養器官系が形成されるプロセスの段階で、生体がそれをコントロールしていなくてはなりません。これはどういう意味でしょうか。

8
それは、血液循環においては、その形態形成やその活動全体のあり方が自我という構成体によって決められている、ということを意味します。ここに楕円を描きましたが、これを血液循環の模式図だと思ってください。この血液循環は、（先に存在する）他の器官に受け止められているはずです。つまり、生体のあらゆる系が、血液系をそこに組み入れられるように統制されていなくてはなりません。血液循環が行き届くべきすべての場所において、その場にふさわしい作りになっていませんと、頭部であろうが他の部分であろうが、現在あるようなつながりを持つ血管系にはなりません。つまり、諸作用系がきちんと働き、最下位の栄養器官系からして人間生体の中で該当の部位に適量の栄養をもたらし、部位にふさわしい血流の形を、自我の表現として適切なように事前形成しなくてはなりません。生体の最下位にあたる栄養器官が作り始められるその段階で、人間を自我存在とすべき何かが準備されているはずなのです。肉体的な意味で完成した人間のフォルムは、非常に多様な栄養摂取プロセスに関する器官系まで、きちんと分節化されていなくてはなりません。血液を準備する器官系、つまり自我のはるか下方、意識の届かぬ暗闇で起きているプロセスまで降りて見てまいりました。血液は自我の表現であり、また私たちの持つ意識の表現であるのに対し、人間フォルムを作り出す肉体の闇深くまで

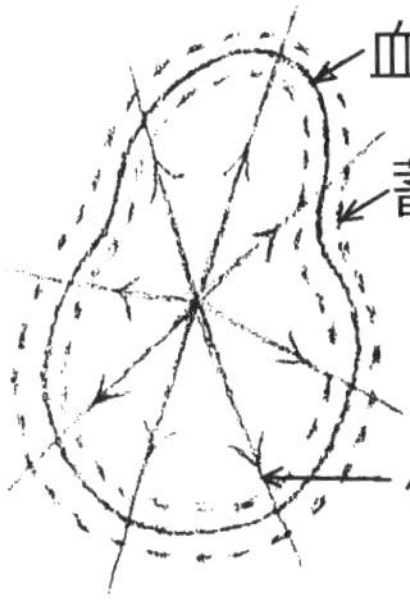

入り、そこを覗くことはできません。生体内で諸物質が必要とされる場に流れ、運ばれ、自我の道具となりうる器官として形成される様子はわからないのです。こうして、栄養という最初の段階ですでに、最終的には血液循環の形成へと向かうあらゆる法則が存在していることがわかります。

## 9　各作用系の自我への追随度

血液はそれ自体、私たちの器官系の中で最も動きに富み、活発です。何かがほんのわずか血液循環に作用しますと、血液はただちに異なる道筋をたどることはよく知られています。ちょっとどこかを刺しますと、血液はすぐに異なった道筋をたどります。このことは非常に重要です。なぜならこの事実は、肉体において外からの影響に最も敏感に反応するのが血液であることを示しているからです。血液を作り上げる基盤は他の器官系ですが、最も固まっておらず、他からの影響に最も敏感に反応するのが血液なのです。血液は、意識的自我の体験に非常に大きく左右される器官です。恥ずかしいときには赤面したり、不安なときには顔面蒼白になったりする、という事実があります。この事実に対して通常の外的学問は想像力たくましく理論を作り上げていますが、ここではその理論には立ち入りません。単に見てすぐにわかる事実に注意を向けたいと思います。つまり、恐怖、不安、羞恥といった感情は自我体験を根底としていて、その結果が血液に現れるのです。恐怖を伴った不安の場合、私たちは外敵と思われる相手から身を守ろうとします。言わば、自我が引きこもってしまうのです。羞恥心では、私たちはできれば身を隠してしまいたいと思います。言わば血の後ろに隠れ、自我を消し去ってしまおうとするのです。ここで私は表に現れる事実だけにとどまろうと思いますが、いずれの場合も、血液が、自我の外的・肉体的な道具としての血液が、自我の内側での体験に従っているのです。恐怖では、脅威の対象から身を守り、自分自身の内に引きこもり、血液が体表から身体内部に入り込んでしまい、それで青ざめます。身を隠したい、その場から消え穴があったら入りたい、という羞恥心では、自我表現である血液が身体の周辺部分に向かい、赤面するのです。血液とは、人間生体の中で外からの影響に最も左右されやすい器官系であり、自我体験に最も鋭敏に従うことのできる器官であることがおわかりだと思います。

より下位の器官系になればなるほど、その系に自我的秩序が反映しなくなりますし、自我体験に沿う度合いが少なくなります。神経系についてはご承知のように、神経経路として特定の秩序を保っており、その経路はかなり固定されています。血液は活動性に富み、周辺部分にまでいきわたり、内的な自我体験に応じて身体の各部分に移動するものでした。それに対し神経系では、《意識の力》という言葉でまとめられるような諸力がその経路に沿って伝わります。血液ではその経路に沿って物質素材までが移動しましたが、神経経路では神経素材が別な部分にまで運ばれることはありません。つまり、神経系は血液よりも他からの影響を受けにくいのです。

それにも増して影響を受けにくいのが腺組織系です。腺組織は生体の決まった部位で、まったく決まった姿であり続けます。ある特定の目的のために腺器官が活性化されるときには、神経線維のように活性化されるのではありません。その器官が存在するその部位にあって活性化されるのです。つまり、腺器官系は他からの影響をさらに受けにくく、決められた部位で活性化されなくてはなりません。神経の活動は、神経線維に沿って伝わります。さらに結合部位である神経節では、神経同士がつながっています。…それに対し、腺組織はその場で活性化される必要があります。器官系を比較しますと、内的なものからの影響の受けにくさ、言わば固定化プロセスといったものがあり、その意味ではこの栄養器官系…人間はこのおかげで素材を身体に組み込み、肉体的・感覚的存在になっているのですが…は、最も固定化しています。これからもわかりますように、素材も人間的な意味で組み込まれ、自我の道具にふさわしいように周到に準備されていなければなりません。

## 11

人間生体を最下位の系、つまり生体の隅々まで素材の移送を行う広義の栄養器官系を、人間生体との関係で考えてみましょう。すると、これらの素材の最終状態では、自我の表現となりうる秩序が必要であることがわかります。そのために多くのことが必要です。さまざまな栄養素がさまざまな仕方でさまざまな器官に移送され蓄積されるだけではなく、人間の外的形姿のためのありとあらゆる相互作用が必要なのです。

12

ここで次の事柄をはっきりさせておくことが重要です。以上のように皮膚を見てきまして、そこには最下層の栄養器官系も含め、人間生体のすべての系があり、次のように言うことができました。「皮膚の中には、最も厳密な意味で人間の物質系に属するものがすべて注ぎ込まれている」と。しかし、皮膚には…すべての系が揃っているにもかかわらず…幾分逆説的に聞こえますが、それ自体に大きな欠陥があることがすぐにわかると思います。皮膚は人間の表面に沿っていますから人間生体のフォルムをとりますが、皮膚だけではこのフォルムを保つことはできません。皮膚自身では、人間固有のフォルムの境界となることはできないのです。支えがありませんと、皮膚はへたり込んでしまいます。人間は直立できないのです。このことからもわかりますように、皮膚の維持には栄養プロセスが活動しているだけではなく、人間生体の最終的なフォルム形成に向け、他のさまざまなプロセスが協働していなくてはなりません。ここで言う他の栄養プロセスとは、軟骨や骨のプロセスであることはすぐにおわかりになるでしょう。このプロセスとはいったい何でしょうか。

13

物質である栄養物が軟骨や骨にまで運ばれますが、これは基本的には単なる物質移送に過ぎません。最終的に軟骨や骨に到達するものは、変容した栄養物に他なりません。ただその変容の仕方が皮膚とは違っています。このことから次のように言えるでしょう。「皮膚では、身体の一番外側の境界において、変容した栄養物が蓄積している」と。しかし骨格における栄養物の蓄積では、物質が人間のフォルムにまとまるように蓄積しています。つまり、皮膚の場合とは逆向きの栄養プロセスなのです。さてここで、神経系の捉え方をお手本にして、この栄養プロセス、栄養物の移送プロセス全体を考えることは、決して難しくないと思います。

14

皮膚における栄養物の様子を見ますと、これは人間の一番外側の体表を作り上げていくにしろ、人間形姿は決して作り出せません。それゆえに、皮膚の栄養摂取が人間生体の中で最も歴史の浅い栄養摂取であることがわかります。また、骨に栄養物が蓄積していく様子を見ますと、脳形成と脊髄形成の関係と、この骨形成と皮膚形成の関係が似ていることがわかります。ですから、次のように言って差し支えないのです。「まず外側の皮膚栄養摂取に見られるものをより一歩、より高い段階に変容させたものが骨格形成なのである」と。人間生体をこのように見ますと、私たちの骨格が以前は柔らかい素材で作られていて、発達が進むに従って次第に硬化していったことになります。このことは外的学問でも証明できます。後に骨になるべき組織は子どもの頃にはまだ柔らかく軟骨状で、その軟骨状の組織に次第に栄養物が蓄積し、固まった骨になっていきます。ここでは柔らかい素材からより固い素材へと移行していますし、これは個々の人間においても起きています。つまり、軟骨は骨の前駆段階と見なされますし、生体内の骨格系への蓄積とは、皮膚での栄養摂取として見られるプロセスの最終的な結果である、と言うことができます。栄養物はまず初めに単純で柔らかくしなやかな物質に変えられ、この準備が整いますと、次の栄養プロセスで特定の部分が固い骨素材に置き換わり、結果として人間生体全体のフォルムが現れるのです。こうした骨の出現の様子を見ますと、次のように言えるでしょう。「現在の人間の発達段階を考える限り、骨格形成を超えた、それ以上の硬化的栄養プロセスは存在しない」と。人間の中には、一方で血液という他から最も影響を受けやすい、移動可能な素材があり、もう一方では骨の素材として、他からはまったく影響を受けず、固まり、硬化の極に達し、それ以上の変化はあり得ないものがあります。これは最も固いフォルムになっています。これを今までの考察につなげますと、必然的に次のように言えます。「血液は人間の中で他から最も影響を受けやすく、自我の道具である。また自我からの影響という点では、神経系は影響を受けにくくなり、腺器官系ではさらに受けにくく、骨格は進化の終着点であり、変容を完全に終えた産物である」と。骨格系のフォルムが形成されるにあたっては、次のことが必要です。つまり、骨格が最終的には柔らかい生体の支えとなりうること、その生体にできた道筋に沿って血液が正しく流れ、自我がそれを道具にできることです。

15　人間生体を次のように捉えたなら、誰もが最高の驚嘆と畏敬に満たされるはずでしょう。つまり、「骨格系とは、最も多くの段階と変容を経て、いくつものエポックを経験し、一番下の段階から今日の骨格系にまでになっている。そしてそれは最終段階まで形づくられ、自我のための固くしっかりした担い手、支えになっている」と。人間生体のこうした作りを見て、骨の一つひとつに、その形成に自我的なものが働いている様子を知ったなら、必ずや非常に深い驚嘆に満たされることでしょう。

16
このように見ますと、人間には肉体的に二つの極があることがわかります。一方は血液系で、これは自我からの影響を最も受けやすい道具です。もう一方は骨格系で、外的なフォルムも内的な構造も最も硬く、移動能力もなく、他からの作用を最も受けない器官です。人間の肉体器官の中で骨格系はとりあえずは最終型であり、終着点に達しています。それに対し血液系はある意味で始まったばかりと言っても差し支えないでしょう。骨格系に対してはこう言えるでしょう。「肉体的器官の中で終点にまで達している骨格系に対し、私たちは尊敬の念を抱く」と。そして、血液系を見てこう言います。「これは始まったばかりであり、他のあらゆる系が先にその準備をしてくれているおかげでやっと始まることができた」と。骨格系についてはこうも言えます。「骨格系の元となるもの、骨格形成にかかわる諸力は、生体内に腺的な神経系が発達してくるよりも前に始まっていなくてはならなかったはずである。なぜなら、これらは骨格系があるおかげで適切な位置を保持できるからである」。つまり、人間生体において骨格系が最も古いのです。

17
血液系と骨格系を両極としましたが、これをイメージで表現してみましょう。この両者を人間生体の最も際だった両端と見るのです。血液系は私たちの内で、最も動きに富んだ要素でした。非常に活発で、自我の活動に連動していました。自我の働きは骨格系からはほぼ完全に手を引いていて、もはや自覚的自我を持ってそこに降りていくことはできません。それでいて、そのフォルムの中には自我の有機体が完全に入り込んでいます。このような完全に外的な見方でも、人間における血液系と骨格系はちょうど最初と最後という関係であることがわかります。自我のあらゆる活動に絶えず従っている血液系に対してはこう言えます。「反応性に富んだ血液系にはまさに人間の営みが表現されている」と。また、骨格系を見てこう言います。「命が後退し、生体にとっての支えとなったシンボルだ」と。脈打つ血液は私たちの命であり、骨格系は直接の命が後退してしまっていて、老人になぞらえることができるでしょう。生命から離れ、単なる支えとして奉仕し、またフォルムを与えているものです。血液が最も有機的で最も生あるものだとするなら、骨格は基本的には死んだものなのです。今、述べられたことを、これ以後の講演における一つの中心的なモチーフと思っていただくよう、皆さんにお願いしたいと思います。なぜなら、これが重要な生理学的な事柄につながるからです。私たちは、血液では生き、骨格系ではすでに死んでいるのです。骨格系とは、最も命を失ったものであり、支えであり、骨組みに過ぎません。



この連続講演の最初に、人間におけるある二重性を見てまいりました。その二重性が、ここではまた違ったかたちで現れています。一方には最も活動性に満ち、最も生き生きとした血液があり、もう一方には生体としての活動性から最も離れてしまったもの、死を内にはらみ、支えの役割を果たしている骨格系があります。骨格系は、自我体験が活発になってくる年齢までに、ある意味での終点に達しています。つまり、その先も大きさは成長しますが、フォルムと

19

してはできあがっているのです。七歳の交歯の時期までに、骨格の基本的なフォルムはできあがります。自我の活性がまだ表に現れてこない時期と、骨格系の発達にとって最も重要な時期とが一致しているのです。意識の及ばない、生体の深いところからの力によって骨格系が形成されるまさにその時期に、しばしば栄養的に間違ったことが行われています。まさにこの最初の七年間に栄養的な間違いを犯してしまう可能性があり、そうなってしまいますと、その影響が後まで残ってしまいます。間違った栄養によって骨格系が大きなダメージを受けてしまうのです。その一例がクル病で、該当年齢での栄養プロセスが適切でないことがその原因です。甘い物ばかりを欲しがる子どもに、野放図に何でも与えてしまうことが原因なのです。このように、骨格系は自我不在の場で活動していることがわかります。

血液系は正反対です。個々人の営みに活発に連動し、他のいかなる器官系よりも私たちの内的体験に最も忠実に沿います。外的科学は近視眼的で、内的体験にかかわる系は、血液系ではなく神経系だと信じています。これについては、次のことだけを挙げておきます。つまり、自我体験である羞恥や恐怖を感じると血液の位置が変わりますし、それが影響の現れ方としては最もシンプルです。この現象では、自我体験がはっきりと自我の道具である血液に表現されています。一過性の自我体験ですらこのように血液に現れるのですから、継続的・習慣的な自我体験が活性に満ちた血液という要素に与える影響もご想像いただけると思います。習慣的なものであれ、一時の爆発的なものであれ、情動、情緒、欲望などはすべて、自我の道具である血液に影響を与えます。あらゆる不健全な自我体験は血液に現れるのです。

20 血液系で起きていることを理解するためには、そこでの栄養プロセスよりも、自我体験としての魂的プロセスを調べることに重点を置きます。たとえば、その人の持つ雰囲気、持続的な情動、情緒などなどです。物質主義者は、血液系の問題を栄養の側からだけ考えます。ところが、血液の栄養は、腺器官系や神経系などの肉体器官系を経た上に成り立っていますから、栄養物が血液にやってくるときには、何層ものフィルターを経ています。ですから、血液に栄養の側から重大な影響があるような場合には、すでに生体そのものが重篤な病気に罹っているはずです。それに対し、魂的なもの、自我的なプロセスはすべて、直接に血液に影響を与えます。

21 このように骨格系では自我的事柄から最も離れていますし、血液では自我的事柄と密接に関連しています。骨格系は自我からの影響を最も受けませんし、自我から独立しているとも言えますが、それでも骨格系は自我に向けて組織されています。

## 頭蓋骨と自我…再受肉

22 ところが、骨格系でも一カ所だけ例外的に自我からの影響を受けているところがあり、そこには個としての性質が表れています。それは頭蓋骨で、特に頭蓋骨の上部でそれが顕著です。この事実がきっかけとなって、さまざまな馬鹿げたことが生まれました。

23 皆さんは、頭蓋骨の研究である骨相学というものをご存知でしょう。これは物質科学からは迷信として排除されてきましたが、民間では当然のように受け入れられ、今日では次第にそれが物質主義的ニュアンスを帯び始めています。その大まかな特徴は、次のようになるでしょう。一般的な骨相学では、頭蓋骨の特定のフォルムに、内的な自我の性質がどのように表現されているかを見て取ろうとします。たとえば、この隆起は何々を意味し、あれは何々、というように、誰に対しても同じ見方で説明します。頭蓋骨に見られるいろいろな隆起に人間の諸性質を当てはめようとするのです。骨相学では、頭蓋骨に自我の彫塑的表現を見いだそうとしています。このようなやり方では、個々の骨における精神的（霊的）表現が探求されているように見えはしますが、実際は無意味です。繊細に観察しますと、同じ頭蓋骨など二つとありませんし、個々の凹凸が何らかの精神的性質と典型的に対応することなどもありません。どの頭蓋骨も他とは違い、そのフォルムは一人ひとり違っています。こうした理由から、骨相学は無意味だと言えるのです。

24 血液の活動は自我の活動に最も即していますが、骨格からは自我は離れていて、自我に沿った活動などほぼまったくない、と言ってまいりました。しかし、注目すべきことがあります。つまり、頭蓋骨以外は変異の幅が狭く、誰も似たり寄ったりで、典型に帰することができますが、頭蓋骨や顔の骨は、自我に沿って形成されているように見えます。頭蓋骨を観察しますと、次のことがわかります。「人間が一人ひとり個であるのと同様に、頭蓋骨もまた一つひとつ個別である」と。

25 自我が骨格形成に何の影響も与えないにもかかわらず、頭蓋骨のこのすばらしい構成が初めから個々人に対応して与えられている理由はどこにあるのでしょうか。頭蓋骨も他の骨と同様、自我の影響を受けずに形成されてきますが、それが一人ひとり違うのはどうしてなのでしょうか。それはいったいどこから来るのでしょうか。それは、人間が個々それぞれに違った諸性質を持ち合わせるのとまったく同じ理由です。つまり、個としての人間の営みは、誕生から始まって死で終わるのではなく、何回もの再受肉を重ねるからなのです。現在受肉している自我は頭蓋骨形成に何の影響も与えませんが、前回の死から今回の誕生までの期間には、以前の受肉における体験を元に、今生での頭蓋骨の形を決める力が働きかけていたのです。前世での自我の活動が今生での頭蓋骨の形を決めますから、頭蓋骨にはそれぞれの人が以前の受肉の際にどのように生き働いたかが、造形的に表現されます。頭蓋骨以外の骨が人間としての一般性を表しているのに対し、頭蓋骨のフォルムには、以前の受肉でどのような人間であったか、何を行ってきたかが現れているのです。

26 最も活動性を持った血液は、今生の自我によって決定されています。しかし骨格では、頭蓋骨という隅の隅まで、今生の自我の影響は受けませんし、今生の自我に沿って活動することもありません。しかし、頭蓋骨が柔らかい前駆物質から形成される際には自我が形成的に働きかけることができ、そこに前世の様子が表現されるのです。誰にでも成り立つ骨相学など存在しません。それでも骨相学を問題にしようとするなら、それは決して型にはまった学問であってはなりません。そうではなく、頭蓋骨の造形的な特性を芸術的に観察しなくてはなりません。頭蓋骨をあたかも芸術作品のように判断しなくてはならないのです。頭蓋骨を個として見る必要があるのは当然ですが、さらにそこには以前の受肉における自我の歴史が表現されていて、それぞれをまったく違ったものと見なくてはなりません。もうおわかりかと思いますが、骨格系のフォルムからは今生の受肉における自我は離れていて、何の影響も与えていません。以前の地上生の間も、自我は骨格に影響を与えることができませんでしたが、死から次の誕生までの間にはある程度の影響力を持つようになり、次の受肉の際に、頭蓋骨の形成に働きかけるのです。

27

今、私は再受肉の思想を語りましたが、「これに対しては一般的な理性的判断はできず、単に霊学者が言うことを信じなくてはいけない」と考えるなら、それは間違いです。その考えは次のように退けられます。皆さんは、前世において人間の自我が存在していなくてはならないはずだ、ということを明白に把握できるはずです。頭蓋骨とは、前世で人間がどのような様子であったかの、文字通り手に取ることのできる証明なのです。ここでの私たちは、できあがった外的フォルムを見て、それが形成される際には何らかの生きた働きがあったはずだ、と考えています。しかし、これを矛盾と感じ、異議を唱える人は、何らかの形成的な形態を前にして、その形成時に生きた働きを想定することはできないはずです。個々人の頭蓋骨フォルムには前世における自我の様子が表現されている、というのは厳密な論理に沿った結論ですし、これを承

28

認できない人には、どこかで空の貝殻を見つけても、以前はその中に生命がいたと結論する権利はありません。死んだ貝殻を見て、かつてその中にいた生命がその形を作ったと結論するなら、論理的にまったく同等な、「それぞれに形成された個々人の頭蓋骨とは、前世の様子が今生に反映していることの証明である」という結論を否定することはできないはずです。

ご覧のようにこれは、再受肉思想に光を当てる生理学分野における一つの扉なのです。そうした扉はたくさんあります。ただ時間をかける必要があります。忍耐を持って待ちますと、どこにこうした証明の可能性があり、またどうしたら証明できるかもわかってきます。今の話を非論理的とする人は、あらゆる古生物学を否定しなくてはなりません。なぜなら、そこでも同じ論理で考えられているからです。人間生体のフォルムを探求することによって、その精神的（霊的）基盤にまで遡れることがおわかりになったと思います。

## 頭蓋骨と自我…再受肉

第22段落

骨格系は自我からかけ離れているが、頭蓋骨には《個》が現れていて、自我的である。しかし、頭蓋骨が形成される時期には、自我は働きかけていない。これを説明するためには、今生の自我とは異なる前世の自我を考えざるを得ない。つまり、頭蓋骨が《個的》であることは、再受肉の証拠である。

## ■第6講

### 皮膚には血液、神経、腺組織、物資移送が存在

第1段落

皮膚には自我（血液）、アストラル体（神経系）、エーテル体（排泄）、肉体（物質移送）のすべてが集約されている。

### 物質レベルから周到に準備される血液

第6段落

自我は人間的に完成された血液を道具とし、それを介して生体を掌握している。そして、血液は他の生体器官の組織的な準備でできあがる。

### 各作用系の自我への追随度

第9段落

血液は自我に追随し体内を移動する。羞恥や恐怖では自我の体験に伴って血液が移動する。神経系（アストラル体）は移動せず内容だけが伝達され、腺組織（エーテル体）はその場で活性化され、栄養移動（肉体）は自我の動きとは無関係である。つまり、器官によって自我への追随度が違う。

### 骨格と皮膚、骨格と血液

第12段落

皮膚は人間形姿を示すが、その前提として骨格が必要である。骨格は何段階も変遷し、現在のように硬化している。血液は自我の動きに沿うが、骨格は完全に固まっている。また、血液は発展の初期段階であり、骨格は神経よりも古く発達の終着点である。骨格系は自我から最も遠いが、同時に自我を担うべく組織されている。

| 骨格 | 血液 |
|---|---|
| – 人間形姿を支える | – |
| – 自我の動きに不対応 | – 自我の動きに対応 |
| – 発展最末期（硬化） | – 発展初期 |

# 第七講

一九一一年三月二七日

## これまでのまとめ

1

　今までの講演では、諸プロセスの総体である人間生体内において、諸器官系が多様にかかわり合う点が印象に残っていると思います。これについてはまだ語り尽くしてはいませんが、これまではまず、諸器官系の活動と、人間の高次の超感覚的構成要素との対応を見てきました。たとえば、いわゆる自我は血液循環と密接にかかわっており、人間自我の道具は血液だ、と言う必要があります。さらに、いわゆる意識の営みは神経系と関係することもわかりました。特別な神経系が…つまり自律神経系が…ある意味で通常の神経と逆の課題を持つことも述べました。つまり、諸器官の深部での出来事、体内惑星系の活動による出来事を、言わば深みに押し込め、普段の身体状況では、自我の地平、つまり昼の目覚めた意識には上ってこないようにしているのです。また昨日の話では、骨格形成において何らかの存在が姿を現すにしても、その存在に対して人間の意識はまったく及ばない点を、大まかにご説明しました。そこでは、骨格系の中では何らかの人間構成要素が働いていて、その結果、意識的自我の器官である血液循環を発達させうるようになったことを、特に強調しておく必要がありました。つまり、骨が蓄積し骨格系ができあがりますが、そのことは、人間総体にとって次の二つの意味を持っていました。それによって人間が人間形姿を保持することができる点と、骨格系内で生じるプロセスがまったく意識には上らない点です。…この点は特に正しく理解していただきたいのですが…人間生体の内側は、周囲の世界、つまりマクロコスモスで生起する事柄の影響を受けないように守られています。これと似たことは生体ではしばしば見られます。私たちの内的宇宙、外界の惑星系の写しとして内に持つあの七つの器官…その中でもとりわけ脾臓…は、摂取した栄養物が持つ外的法則性を抑え、言うなれば栄養物から外的法則を取り除き、フィルターにかけてから人体内に取り込んでいて、栄養物の固有の法則性や活動性を暴走させないようにしている点についてもお話しいたしました。このように外的影響から内側を守っていますが、ごく大ざっぱに言ってしまえば、それが顕著に現れているのは人間や高等動物の温血性とも言えます。体温は狭い温度幅に収められていますし、それは内的法則性によって保たれていて、周囲のマクロコスモスの影響は受けません。体温が一定に保たれる温血性というのは、言わば非常にわかりやすい基本現象でしょう。マクロコスモスそのものに対し、またその固有の活動性に対し、人間身体は境界を持ち、閉じた存在です。これが人間身体において最も本質的なことの一つである点は、何度でも繰り返されてしかるべきでしょう。

2 生体をより深く知るべく、今日は別な角度、つまり意識的な営みについて少し見てみたいと思います。意識的な営みの道具は血液と神経ですし、この点についてはこれまでの講演でご理解いただけたかと思いますが、細かい成り行きまではまだ見ていません。私のこれからの話は、今日の通常の学問、つまり部外の人々にとっては…もし彼らが本音を言ってくれれば…十分に衝撃的でしょう。現段階ではオカルト的観察からしか述べられず、現状の学問では確認できない事柄がありますが、現状の学問の傾向を見ますと、これからの数十年間にはそうした事柄も学問的に確認され、承認されていくと思われます。正しい真のオカルティズムからはそのように言えます。こうした事柄を、このような短期間の連続講演ではなく、半年かけてお話しすることができれば、今日これからの話の内容も、現在の学問成果から適切に集めた事柄によって裏付けられるでしょう。しかしそのほとんどは、尊敬すべき聴衆の皆さんの善き意志と能力に委ねなくてはなりません。もし外的科学の先入観に満ちた理論ではなく、そこで発見された諸事実を問題にするならば、そうした事実はオカルティズムの領域で語られることを根拠付けるでしょう。これからの話は、そのことを踏まえてお受け取りください。

3 ここでは意識的な魂の営みと身体との関係を問題にします。そこでまず、広い意味での思考活動から観ていきましょう。ただ、論理学や心理学の細かい分類には入り込みません。まずは大きく、思考的営み、感情的営み、意志的営みの三つを問題にしましょう。

4 真のオカルティズムの立場からすれば、目覚めた意識内で行われる思考、感情、意志といった魂の営みであるプロセスと、生体内における物質的プロセス…それが生きた物質であるか否かは別として…との間に矛盾は見られません。これは非常に興味深いことです。なぜなら、現代科学の傾向からして、これからの数十年で魂的過程と生体内での生理学的過程の対応が実際に見い出され、オカルティズムの見地が裏付けられるはずだからです。

5 すべての思考的過程に生体的過程が対応していますし、それは感情的過程、意志衝動の過程も同じです。魂内で何らかの営みが生じると、波が生じ、それが肉体にまで降りていく、と言えるでしょう。…そこでまず、思考過程を見てみましょう。ここではまず、純粋数学に代表される客観的な思考、つまり、感情や意志に影響を与えないような思考プロセスを取り上げるのが最もわかりやすいでしょう。そうした《純粋培養》的な思考を取り上げてみましょう。魂内での思考プロセスと並行して、生体では何が起きているでしょうか。私たちが考え、さらにそれをまとめるとき、生体内では常にある特定のプロセスが生じています。…これはアナロジーではなく一つの事実ですし、比較とは、事実につながらなくてはならないのです…。つまり、思考プロセスは結晶化プロセスに対応させることができます。まずお湯の中に岩塩など何らかの塩《えん》を入れ、それを溶解させます。これを冷却しますと、溶解とは逆のプロセスが進行し、溶解した塩《えん》が結晶化します。塩《えん》が完全に溶解しますと、溶液は透明になります。しかし、溶液を再度冷却し、溶解と逆プロセスが進みますと、溶液から塩《えん》が再結晶化し、目に見えるようになります。溶液の中で、塩《えん》の再形成、塩の析出が起きます。このプロセスは、お湯を冷やすことで以前はお湯であったものの中に固体が生じる、つまり液体中に塩《えん》という固体が蓄積する、と表現できます。前にも申し上げましたように、通常の科学が認めていることを単に受け身的、盲目的に受け止めている人は、これから述べるオカルト的成果に衝撃を受けるはずです。

6

思考の際の生体内プロセスはそれとまったく同じです。思考プロセスには塩の蓄積プロセスが対応します。これは血液作用から始まり、神経系に励起作用を返すプロセス、すなわち血液系と神経系の境界における生きたプロセスです。静かに考えている人を観察しますと…霊眼が開きますとそれを超感覚的に正確に観察できます…溶液中の塩の結晶化とまったく同様なプロセスを実際に観察できます。以上が思考プロセスに対応する物質的な事柄です。

7

次に、感情に対応するものを取り上げてみましょう。…感情に対応するのは、硬化的な塩の沈殿プロセス、溶解の逆プロセスではありません。そうではなく、生体内で液状のものが半ば固化するという繊細なプロセスが生じます。液状のものが卵白のような流動的な半固体になり、さらに固まった卵白のように凝固するプロセス、つまり、液状のもの自体が固化していくプロセスと考えてください。思考においては、液状のものの中から塩といった固体が分離し沈殿しましたが、感情においては、血液中の特定の液状部分が次第に密な状態へ移行していきます。素材自体がある種の凝固作用によって、より密な状態になるのです。ある特定の反応によって液体から小滴が新たに湧出《ゆうしゅつ》したり、あるいは特定の液体の中に細片が現れてくるプロセスが見られますが、霊眼で見ますと、それと同じような過程が見られます。

8　意志衝動はまた別で、それに対応する身体的プロセスも違います。これは明らかなので、むしろわかりやすいはずです。意志衝動に対応する身体的なプロセスは一種の加温プロセスで、これによって生体の体温が上昇し、生体が熱くなることもあります。そしてこの温度上昇は、血液の脈動全体と密接に関係を持っていて、それゆえ意志衝動は血液の温度上昇に関係している、と言うことができます。単純にそれだけの話で、真の観察に対する若干の感性さえあれば、動物の身体を見るだけでも、意志衝動と血液の加温が対応していることを観察できます。

9　このようなかたちで、魂の内的過程と身体的なものの対応をある程度特徴付けることができます。今私が説明した事柄は、当然ながら大きな規模ではありません。非常に繊細かつ微細なプロセスであり、常識的には考えられないくらい繊細なプロセスです。加温作用は例外ですが、他の二つのプロセスは物質界における類似のプロセスと比べると、超微細なレベルで行われています。これらは、血液という道具の助けを借りて自我が活動するときに、生体が総力を尽くして行うプロセスです。塩沈殿、湧出、さらには加温のプロセスでは生体全部がかかわりますが、それでも、たとえば思考プロセスでは脳や脊髄系が主にかかわります。魂的プロセスに伴うこれらのプロセスは、生体内にさまざまな仕方で分布しています。こうした事実を見るようになりますと、いわゆる思考、感情、意志がリアルな諸力であり、生体内でリアルな作用としても存在することを次第に認めざるを得なくなるでしょう。純粋にオカルト的な観察からは、魂が生体にリアルな作用を及ぼすとしか言えません。こうした生体へのリアルな作用については、これからの数十年で科学が解明していくでしょう。細心の注意を払って科学研究を進めることによって、これらの繊細な生体内プロセスにも迫りうるでしょうし、オカルト的認識に対する芥《あくた》のごとき反対意見も…それは、科学が解明した事実に基づくのではなく、その事実を元にした先入観だらけの理論に由来するものですが…次第に自然消滅していくでしょう。

## 10 意識的プロセスと無意識的プロセス

自我による意識的な活動として捉えられるものは人間本性の一部でしかないこと、そして意識されないプロセス、自律神経系が意識化を防いでいるプロセスが意識の境界下で生じていること、などもご紹介しました。無意識なかたちで私たちが内に持つものが自我と関連している様子も、さまざまな角度から見てきました。つまり、骨格系という無意識なるものについてお話ししました。これが作られるときには、その一番の元から、意識的自我の道具にとっての基盤となるように組織されていました。このように無意識な自我機構が、無意識の中から、意識的な自我機構の方向へと成長してくるのです。人間は言わば二つの部分に分けられます。一方からは意識的な自我機構が、そしてもう一方からは無意識な自我機構が作用しているのです。

その意味で、血液系と骨格系を対極と見なすことができます。血液は内的に活発であり、自我の活動に道具として敏感に反応しますが、対極である骨格系は自我の活動にまったく左右されず、また自我は骨格系での出来事をまったく意識しません。つまり、骨格系で起きている事柄は、意識的自我の表に現れることはなく、完全にその水面下にあります。これは自我活動に対応するプロセスですが、死んだプロセスであり、生きたものである血液プロセスとは反対です。また自我はこのプロセスを意識できず、無意識から少しずつ段階的に意識化できるだけです。

骨格系を詳しく観察してみましょう。すると意識的な営みがまったく見られないこと、つまり、あらゆる器官系の中で意識的な営みが最も少ないことがわかります。そして骨格系の次に、

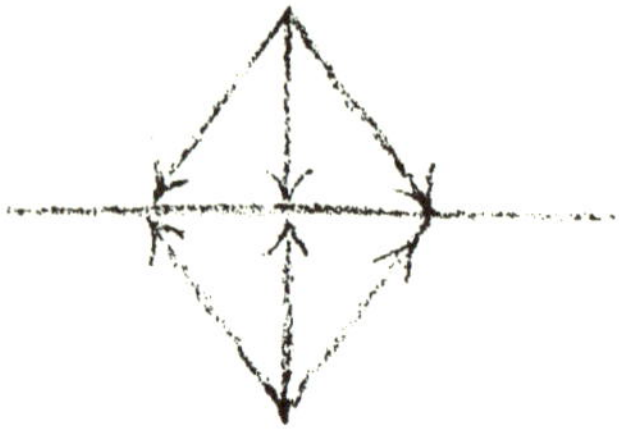

いわゆる内界惑星系…脾臓、肝臓、胆汁系や肺、心臓系を見ますと、これまでの講演から、これらにも意識はほとんど入り込めないにしろ、それでも骨格系程にはシャットアウトされていない、と言えました。骨格系においては、これらの諸器官以上に思考の入り込む余地がないのです。今挙げた器官のいくつかは、無意識よりははっきりとその働きが意識されます。ちょうど、海に浮いた物の一部が島のように見えるのと似ています。こうしたかたちで、たとえば心臓での出来事がわずかに意識に上ります。皆さんも次のような経験があるでしょう。特に心気症的な性質を持った人々が…もちろんそれに伴う障害は感じ取りますが…器官内の出来事を感じ取ることがあります。ただしそれは、器官で生起していることをそのまま意識するのではなく、まったく違った姿として意識するのですが、それでも感じ取っていることに変わりはありません。病状が進行し、その病状そのものを意識する場合を言っているのではありません。器官に病気があれば人はその器官を自覚します。この場合には、内界惑星系での活動が意識化される原因がはっきりしています。私が言うのはそれではなく、病気の早期段階で、器官の病気が意識されるはるか前の状態で、ほぼ健康な人がそうしたことを自覚する場合のことを言っています。残念なことに、この境界がずれ込んでしまっていることが多いのです。一般に病気と言われるものは、内的過程が意識に入り込み過ぎたり、入り込まな過ぎたりしているだけのことなのです。私たちは実際、次のように問いながら病気の原因を探さなくてはなりません。「痛みの原因は、器官の病気にあるのか、それとも別なところにあるのか」と。…もうご存知のように、生体下部では出来事が意識に入り込まないように、自律神経系が守っています。

12 自我の道具である血液がそれにふさわしく働くためには、それなりの人間的フォルムが必要ですし、そのフォルムを与えているのが骨格系であると見るなら、他の器官系もまた、最終的な華である意識活動の準備となっている、と見なくてはなりません。これらの器官系に完全に目覚めた意識で入り込むことはできないにしても、それらが意識的な魂の営みに至るべく用意されたものである点は、しっかり把握しておく必要があります。すでに見てきたように、それはちょうど、骨格系が自我の営みを目指した準備であるのと同じです。

13 ここで、いわゆる生体内惑星系は意識的な魂の営みにどれくらい現れてくるのか、を問う必要があります。まず、骨格系は支えであり、血液系が自我の道具として正しい位置で働くための秩序を与えていて、内界惑星系の諸器官にも正しい位置関係を与えている、と言えるはずです。なぜなら、血液について言えることはこれらの諸器官でも言えるからです。おわかりのように、この器官系のどの器官にしても、その配置を決めているのは、人間の外的フォルムにとっても決定的な骨格系以外にはありません。それは人間フォルムの基礎であり、骨格系が基本フォルムを築き上げているからこそ、それに沿ってさまざまなものが形づくられ、積み上げられうるのです。身体の外的境界である皮膚についても、その形態は骨格系によって先に作り上げられています。ゲーテは、単に美的な意味だけではなく、学問的な意味においてもすばらしい言葉を残しています。「骨にないものは、皮膚の中にはない」。つまり、皮膚の外的形姿は、骨格系が先に形成したものを表現しているのです。しかし、生体内惑星系については同じことは成り立ちません。生体内惑星系の働きはわずかながらでも意識に上り得ますが、そのことは生体内惑星系とアストラル体との関連を示しています。なぜなら、意識はアストラル体が担っているからです。生体内惑星系は、地下深く存するフォルム形成的な自我、無意識なる自我の表現ではありませんが、周囲の世界の表現として、全宇宙プロセスが私たちの中に組み込んだものです。そして、骨格系が自我を内包する人間的フォルムの基盤であるのと同じように、アストラル体の基盤になっているのです。ですから、骨格系は無意識の深みにおいて人間自我を事前に形成し、生体内惑星系はアストラル体を事前に形成している、と言うことができます。

14

さて、この生体内における内的宇宙は意識されることはありませんから、意識的な魂的活動から生じてきたものではありません。これらはマクロコスモスによって私たちの生体に組み込まれたのです。これらは宇宙的、アストラル的と呼ばれるにふさわしいものですし、そこに私たちの内的宇宙を表現すべく組み込まれたものです。骨格系もまた周囲の世界から、偉大な宇宙から私たちに組み込まれています。そしてそれは、私たちの肉体的形姿と深く関係しています。ですから、骨格系がマクロコスモス的であるからこそ、言い換えると、今ある人間の肉体的形姿を与えているのが宇宙的システムであるからこそ、骨格系は肉体における自我の基盤であるのだ、と言えるはずです。この骨格系と並んで、マクロコスモス的・アストラル的宇宙が内界惑星系として組み込まれているのです。自我が意識的な自我として現れる場合、その道具は血液ですが、自我がフォルムや形態として事前に形成される場合には、その根底には宇宙的な作用系があり、その作用系が形態として固まり、最も稠密《ちゅうみつ》な骨格系として現れているのです。

## 二種の塩形成…思考と骨

15 さて、これらを別な観点から捉え直してみましょう。すでにご承知のように、自我が働きかけて意識的な思考活動をする場合、血液内では繊細な塩形成が生じます。体内に何らかの塩形成があれば、それは意識的な思考の存在を物語っています。さて、骨格系は宇宙を手本に事前形成されます。したがって、思考存在である人間の物質的支持形成の際には、塩蓄積という物質的プロセスがあるはずです。つまり、骨格系で塩蓄積があったはずです。実際、骨格はリン酸カルシウムと炭酸カルシウム、つまりカルシウム塩が蓄積することで形成されます。

16 ここにもまた、対極が見られます。人間が思考的に活動するとき、この思考過程によって私たちは内的に固い存在になります。つまり、考えとはある意味で内的な骨組みなのです。考えには明確な輪郭があり、確たるものですが、感情は捉えどころがなく不安定で、個人個人で多少なりとも違っています。考えとは、感情系の中で固い成分になるのです。意識的な営みにおけるこの固い成分は、血液中では活発かつ動きに満ちた塩蓄積になりますが、自我の準備である骨格では、その大部分がマクロコスモスによる塩蓄積になります。この骨格は私たちの内にある安定の極ですし、血液中で生じる塩蓄積プロセスは内的活性を示す極です。私たち人間は思考存在ですが、それを支えているのは生体内のこの二つの極なのです。一方は骨格形成というかたちで無意識の側から支え、もう一方は同じことを意識的なかたちで行うことで支えています。つまり…骨格形成プロセスをお手本に…生体内で内的活発さを伴いながら塩蓄積プロセスをしているのです。さて、思考に伴って形成された塩は、睡眠によってすみやかに除去されなくてはなりません。そうでなかったら生体内に何らかの分解プロセス、解消プロセスを引き起こすはずです。つまり事実上、思考を破壊プロセスと見なさなくてはなりません。そして、心地よい睡眠中に逆向きのプロセスが生じ、蓄積した塩が血液から取り除かれ、目覚めた意識を持って新たな意識的思考を再び展開できるのです。

17 ただし、「思考とは塩形成プロセスである」と簡単に言ってしまうことはできません。なぜなら、「霊学は戯言を言っている」という誤解が生じかねないからです。

## 二種の湧出…感情と膠

18 話を進めましょう。両極にこの対極的な二種の塩形成があり、その中間に、今まで紹介してきた生体内のあらゆるプロセスが位置づけられる、と考えられます。一方には思考における最も活発な塩形成プロセスがあり、その対極には、ほとんど止まってしまったような骨格における塩形成があります。それと同じように、感情的営みの物質的表現である湧出プロセス、凝固、薄片形成プロセス、タンパク質的なものの析出にも対極があります。この対極にあたるものは、さらに生体の内側のプロセスであり、無意識な湧出や素材の密度化に関係しています。そしてその稠密《ちゅうみつ》化は、マクロコスモス的なアストラル系の形成・蓄積作用によって生じます。つまりこれは骨の膠質《にかわしつ》です。これは骨形成プロセスの一部であり、またそこに骨となる別な素材が付加されます。これが、感情に対応して肉体的に行われる湧出プロセスの対極にあるものです。

## 加温プロセス

19 意志衝動は、生体では熱プロセス、内的な加温プロセスとして表現されます。そして、内的燃焼プロセス、内的酸化プロセスの結果としてさまざまな結合が生じますが、こうした結合は生体内のいたるところに見られます。そうした諸々の結合は無意識の中で行われ、意識的な営みとは関係しませんから、意識的な営みが影響しえない無意識の側に属します。それが無意識の側にあるおかげで、生体内に破壊作用から守られた部分が確保され、そこで魂的営みをきっかけとする非常に繊細なプロセスを行うことができるのです。

20 私たちの生体内では、意識的な営みに伴う塩形成、湧出形成、熱形成という生理的諸過程が行われている一方で、意識が及ばないプロセスもあり、それが身体的基盤を準備してくれているおかげで意識的な営みを行えるのです。つまり、私たちの生体をトータルで見ますと、意識的なプロセスと無意識的なプロセスが織り合わされているのです。私たちの生体が現実に両極を示すというのは、非常に重要な意味を持つ事実です。一方ではマクロコスモスが生体に入り込み、言わば大作りに働きかけ、もう一方では人間の意識活動の結果としての繊細な作用が行われますが、それらは同じ種類のプロセスなのです。

### 血液への意識化されない作用

さて、現在の人間生体は完成されていて、これらの諸プロセスは完全に渾然一体であり、生体内にその境界を見ることはできません。プロセス同士が相互に入り組んでいるのです。最も活発で、最も繊細な要素である血液系を見るだけでもそれがわかります。血液には、塩蓄積プロセスを喚起する作用だけでなく、液状物質の凝固や加温プロセスを喚起する働きもあります。他の器官系も同様で、諸プロセスは密接に関連しています。たとえば、外部から取り込まれた消化管内の栄養物には、いわゆる外的活性が残っています。フィルターの第一段階として、栄養物を口で咀嚼し、胃での消化プロセスに引き渡します。さらに何段階かを経て、内界惑星系とされる諸器官の作用を受け、最終的には、人体器官の中で最も繊細である血液の栄養段階にまで引き上げられます。栄養物が内臓器官系で段階的にフィルターにかけられますから、最も繊細な器官である血液が栄養物を受け取るときには、外的活性が最も濾過された状態になっているはずで、血液に入る段階では、栄養物の元々の活性は最高度にそぎ落とされている、と考えても無理はないでしょう。取り込まれたばかりの栄養物には、固有の性質や法則性がかなり残っています。胃や他の器官系を通過することで、そうした性質や法則性はそぎ落とされなくてはなりませんし、ある意味で完全に新しいものになってから、血中に入る必要があります。それゆえ血液は、外的印象から最も守られた器官であり、またそこでのプロセスは外界から最も独立しているのです。これは血液が持つ一つの側面ですが、私たちはすでに、血液が二方向に対峙していること、つまり、黒板のように二つの面から作用を受けていることをかなり詳しく見てまいりました。一方で血液は人間の深部とつながっていますが、そこで生起するプロセスは自律神経系によって押し戻され、隔離され、意識に上ることはありませんでした。そしてもう一方では、意識的な魂の営みにも向かっていました。血液には無意識な過程が取り込まれているはずですが、それだけではなく、意識的な自我も刻印されているはずです。私たちの意識的な魂活動は、血液にまで達し、そこに周囲の世界を反映するまでに変化しうるのです。私たちの周りには何があるでしょうか。感覚的・物質的世界です。なぜなら、植物界に属するもの…つまりエーテル体…は、通常の意識では見えないからです。明るい昼的意識を持つ人間とは、物質界の住人であるだけで、命の世界は見ることができないのです。

22

血液という黒板は外に向かって物質的感覚界と対置しています。物質的感覚界の印象から生じる営み、考えへと向かう営み、感情に火が点される営み、意志衝動が発動される営み、これらすべての営みは意識的な自我の営みですから、そのための道具はすべて血液中に見いだされるはずです。そのすべてが血液中に脈打っているはずなのです。これはどういう意味でしょうか。それは、血液には栄養物由来のものだけが取り込まれているのではない、という意味です。もちろんその栄養物は、最高度に濾過され、その固有の活性が除去され、あらゆるマクロコスモス的なものが排除されたかたちで取り込まれていました。そうした栄養物の他に…外側から血液という黒板に書き込むことができるように…血液中には物質的感覚界と類縁のもの、物質的感覚界の非生物的な部分と類縁なものがなくてはなりません。生命とは、通常の意識では物質的・感覚的印象の組み合わせとして認識されます。しかし生命そのものの現実の姿は、超感覚的構成部分の最下位に位置するエーテル体でなくては認識できません。

23

つまり血液とは、物質的・感覚的世界とも類縁であるはずですし、実際、血液はそれ自体物質的なわけです。おわかりのように、私たちの血液にはある何かが組み込まれているのです。つまり、人間本性の側に由来するプロセスでもなく、生体の深みから血液へと上って来て血液を規定するプロセスでもなく、血液に組み込まれた外界のマクロコスモス的法則性や活性とも言える何かです。体内に入ってもマクロコスモスにあったときと同じように活動し、その固有の法則を失わず、直接の外的プロセスのように作用し、元の状態を保持する何かが、私たちの血液中に存在するはずなのです。つまり、物質的、化学的、無生物的プロセスが血液中で働いているはずですし、またそれは、自我が物質界に参与しうるためにどうしても必要なのです。したがって、その物質が外界で持つ特性、その固有の法則性が血液中でも保たれる素材が血液中に見いだされるはずです。実際、そうしたものが血液中に見られます。命が始まり、また、まさにその始まった地点で生命が無生物に移行する何かが赤血球の中に見られるのです。もう一方で、血液には絶えざる加温プロセスが組み込まれています。これは外的燃焼過程に相当し、さらに酸化プロセスによって新たな命の可能性を与えています。つまり血液には、このように人間を物質的・感覚的存在にしてくれるものが含まれているのです。

24 このように血液という器官においても、オカルト的観照の成果が物理的・化学的研究に光をもたらすこと、また、いかに外的観察の理解に役立つかが明らかだと思います。

## 血液についてのまとめ

25 ですから、人間生体内、つまり血液中には二つのプロセスがあると言えるでしょう。一つは外界から物質的・感覚的なかたちで作用を受けることで喚起されるプロセスで、もう一方は栄養物を変容し、究極まで濾過しそれを蓄積する、という内側からのプロセスです。これらを考え合わせてはじめて、「血液はまったく特別な液体である」という言葉の深い意味がわかります。血液は、最も低次な領域にまで関係し、自我の道具として外的・化学的プロセスを行う唯一の物質なのです。もう一方で血液は、他のすべてのプロセスによって準備され、他では行い得ない内的プロセスを遂行する最も守られた素材でもあるのです。

人間生体の深部から喚起される最も繊細で高次の諸プロセスが、血液において、ありきたりの物質的・化学的諸プロセスと結びつくのです。物質的・感覚的世界と、超感覚的作用系の活動や存在を前提とするもう一つの内的世界とがこれだけ直接に出会う素材は、血液以外にはありません。体内を流れる血液ほどにこのことを具現している素材はないのです。実際この血液とは、周囲に見られる最も低次のものを、自らの本性に沿って自らを組織しうる最高次のものと結びつけるものなのです。血液内ではこのような複雑な諸過程が行われていますから、何らかの不具合が生じたり、何らかの障害を受けたりしますと、生体全体に大変な問題を引き起こすであろうことは容易に想像されると思います。そうした不具合が見えたら、いかなる場合も、それがどのように生じて来たかを問わなくてはなりません。何らかの不具合が、物質的・化学的な成り行きに沿って推移するものか、血液の他のプロセスに対応しているのかを、個々の場合で区別するのは難しいはずです。それでも、そうした不具合が物質的・化学的プロセスの道筋で推移する場合、その原因は意識の側にあることがわかりますし、さらに言えば、意識が物

27

質界に対してどのような関係にあるかを考えなくてはならないはずです。ここに一つの治療領域が開けます。そしてその特徴は、何らかの不具合が、私たちが物質的・化学的プロセスとしたものと関連するかを吟味する点です。こうした前提では、外からの印象…物質的・化学的諸プロセスのきっかけとなる外的印象を適切に調整すると効果があります。ここで言う外的印象とは、魂的・霊的印象を指すのではなく、呼吸プロセスを調整することで働きかけられる事柄や、皮膚を介した体内外の相互作用的プロセスを調整することで作用しうる事柄を指します。

しかし一方で、血液には三段階の栄養物繊細化を経た、非常に繊細な生体過程も存在していることもご存じなはずです。血液器官の中では、外的な事柄をきっかけに塩形成、湧出、熱といった繊細なプロセスが生じました。つまり、血液の化学的成り行きは外側から規定されています。すると逆に、血液のプロセスを内側から規定しているのは何か、ということをも問えるでしょう。ここでは、血液が他の器官と同様に栄養供給を必要とする、という事実と、血液独自の課題とを区別しなくてはなりません。また、血液が生体活動の最上位に位置することも考慮しなくてはなりません。ここで、人間の営みの内的な支えとも言うべきものが問題になります。特に血液では、栄養摂取経由で外界が直接作用してはならず、もしそうなりますと、思考の道具としての塩蓄積プロセスが阻害されてしまいます。これを守るのは血液そのものの作用なはずです。日々繰り返される塩蓄積のプロセスによって、血液は霊的な側に向かって、言ってみれば霊的な骨格系を作り上げているはずなのです。これは血液の課題であり、これが血液と他の器官との相違点です。他の諸器官からの助けは受けないのです。血液における塩形成は他器官からの作用をほとんど受けませんから、思考活動が最も内面的であるのと同じ意味で、思考に関連する諸プロセスの中でも、血液でのそれは最も内面に属します。感情においては、私たちは内外の境界にいますし、意志衝動においては外に向かって強く流れ出し、状況によっては自分に戻ってくることはありません。思考において人間は常に自分を再認識しますが、意志衝動ではそうではありません。意志衝動の発生契機は不明確ですし、それに対し無自覚であることは、人間意志の自由や不自由について、常に論争が生じることにも見て取れます。つまり思考とは、血液を自我の道具として使うものの中で最も内的なものなのです。塩蓄積プロセスは最も内的で、また最も守られていなくてはならないために、血液に異常や不具合がありますと最も阻害されやすいものでもあります。血液に何らかの阻害があり、思考がきちんと活動できないことに気付きましたら、血液固有の営みがある一定水準を下回ってしまっていますから、それを正常に向けるための刺激が必要なこともご理解いただけると思います。

## 血液の認識と治療の可能性

血液の内的活性が一定限界を超え、固有の営みが暴走している場合もあり得ます。こうした病態の方が頻度が高いので、ずっと重要なケースと言えます。その逆は希です。本来なら度を

29

超すことのない内的諸器官の活動が活性化され過ぎ、その方向で血液系にまで作用するケースがほとんどです。血液に過剰な意志活動の傾向が見られたら、この衝動を治療的に抑える必要があります。そのときは、魂的思考的プロセスという意味での正常な塩形成、塩蓄積へと導く物質を投与します。これでおわかりになると思いますが、生体の不具合を調整するために特定の器官系に働きかけることができるのです。もしこの点を詳しく説明するためには、この連続講演では時間が足りませんので、この場ではその可能性を指摘するにとどめます。

血液系の過剰な活性が病気の原因になりうる様子を見てきました。ですから同様に、脾臓、肝臓、胆汁などの内界惑星系器官、つまり体内のアストラル界の活動が過剰な場合に、どのような問題が生じるかを問うことができます。ここでまず念頭に置くべきは、これらの器官の作用が血液循環にまで上っていくこと、栄養物を消化管から受け取り、その活性を血液にふさわしいレベルまで変容させること、つまり消化管と血液の架け橋になっていることです。血液系は最も偉大な内的活性の道具、意識的思考の道具でした。しかし同様に、内的稠密化《ちゅうみつ》、内的湧出のプロセスと関連する、あの感情の営みも活性化します。…外界からの作用を除外して見ますと…この場合は内界惑星系の活動が血液を活性化しますし、それぞれの内界惑星がそれぞれの特徴の元に血液に作用し、その輝きを送り込みうるのです。ここでも血液の活動を問題にはしていますが、すでに血液独自の活動という枠は超え、原因は内的宇宙の方にあります。ここで、肝臓、胆汁、脾臓、腎臓、肺、心臓などが活発になり過ぎ、その過剰な活動ゆえに血液に不都合な作用を及ぼすことがないかが問題になり得ます。もしそうしたことが起こり得るなら、血液の場合と同じように、活性が過剰になったこれらの器官に対し治療的に働きかけ、調和をもたらすことができるのでしょうか。この場合には…これらの器官が宇宙のアストラル系と直接に関係しますので…宇宙的営みを活性化させるような物質を投与しなければならないはずです。塩を含む物質を投与することで血液の過剰な内的活性を抑えることができるのと同じように、該当器官とエネルギー的に適合する物質、諸器官を全般的法則性に再び調和させるのにふさわしい物質を投与することで、内的器官の病的活性を抑えることができ、治療的に働きかけることができます。

30

すると、どのようにしたらこれらの器官に作用できるのか、という問いが生じます。どうしたら個々の器官系の不具合や消化器系に働きかけることができるのでしょうか。オカルト生理学的な意味における病像とはどのようなもので、またどうしたらその病態を治療することができるのか、という問いが生じます。この点については、明日お答えしようと思いますし、その際に、たとえば筋肉系も取り上げたいと思います。また、この成長を遂げ、驚くほどに完成した生体として眼前に見えるものが、胚発生という形成過程で徐々に明確に現れてくる様子をご説明して、今回の一連の考察を締めくくろうと思います。それによって、超感覚的構成体が人間生体にかかわっている様子が自ずと明らかになるはずです。

## 血液への意識化されない作用

第21段落

血液には以下のものが意識化されずに入ってくる。

- 外的活性が完全に濾過された栄養物
- 身体の深部で生起するプロセス（自律神経系がブロック）

## 血液への意識化に関連する事柄

第22段落

外界を物質界として知覚するのだから、外界的・物質界的なままに血液に取り込まれる物質があるはず。

## 血液についてのまとめ

第25段落

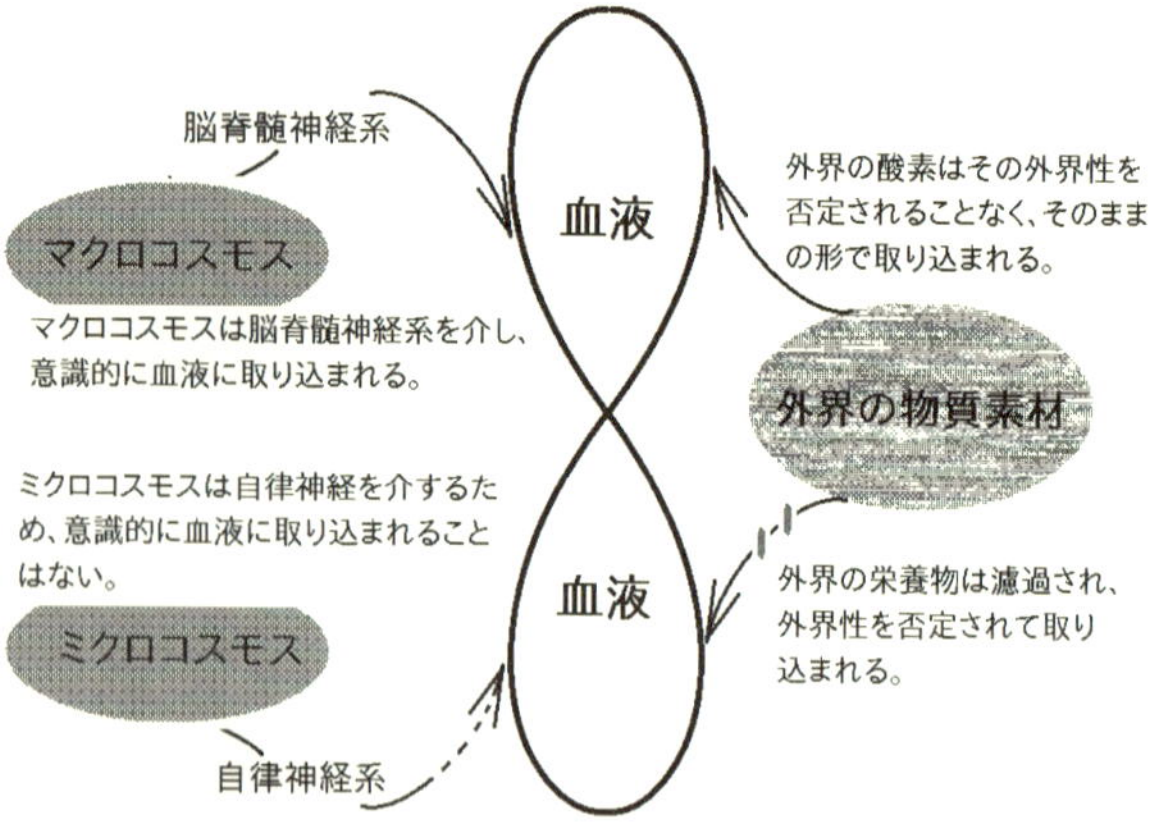
脳脊髄神経系
マクロコスモス
マクロコスモスは脳脊髄神経系を介し、意識的に血液に取り込まれる。
ミクロコスモスは自律神経を介するため、意識的に血液に取り込まれることはない。
ミクロコスモス
自律神経系
血液
血液
外界の酸素はその外界性を否定されることなく、そのままの形で取り込まれる。
外界の物質素材
外界の栄養物は濾過され、外界性を否定されて取り込まれる。

血液にも、意識化の可否での対極が見られる。また、思考に伴う塩形成が血液を支える役割を担う。

## 血液の認識と治療の可能性

第28段落

体内惑星系の内臓の活性過剰で血液に不具合が生じうる。それを調整する具体的な方法を第8講で紹介する。

## ■第７講

### これまでのまとめ

第 1 段落

自我＝血液、意識＝神経。自律神経は体内惑星系の働きを自覚させない。無意識に形成される骨格系が自我を宿す支えになる。内臓惑星系は栄養物の外的活性を濾過する。温血性とは周囲とは隔たった固有の存在であることの象徴。

### 思考、感情、意志に対応する生理作用

第 2 段落

思考、感情、意志に対応する血液中の過程。

- 思考…微細な塩形成プロセス
- 感情…微細な湧出プロセス（卵白の凝固に似たもの）
- 意志…加温プロセス

### 意識的プロセスと無意識的プロセス

第 10 段落

人間には無意識的自我機構が働いていて、それによって骨格系などが自我を宿す存在に相応しく形成される。体内惑星系はマクロコスモス的なアストラルの活動によって無意識中で形成される。

### 二種の塩形成…思考と骨

第 15 段落

思考という意識的活動には塩形成が伴う。それに対応する無意識的な活動は、骨格における塩形成である。

### 二種の湧出…感情と膠

第 18 段落

半意識下の感情には湧出プロセスが伴い、それに対応する無意識的な活動は、軟骨などの膠形成である。

### 加温プロセス

第 19 段落

意志は元々無意識的活動であるので、加温プロセスでは意識的と無意識的の区別はない。

# 第八講

一九一一年三月二八日

## 生体内諸プロセスのつながり

1 非常に大まかでしたが、この数日、生体内の諸過程をオカルト生理学的に考察しました。そしてこの連続講座の締めくくりとして、概略にはなりますが、人間の生体活動を考察する足場を固めるべく、ここまでの考察をまとめ、一つの全体像をお話ししたいと思います。ですのでもう一度、最下位にある素材とのかかわり、外界である地球と生体とのかかわり、つまり栄養摂取における両者の相互作用から始めるのがわかりやすいでしょう。

2 栄養素材は、摂取された後で諸器官の作用によって段階的に変化し、人間生体の各部分、つまり肉体の諸器官系にまで運ばれます。栄養素材が物質界に立つ人間の肉体を作っていることは、難なく理解できるでしょう。しかし、必ずしも理解しやすくはない点もあります。これまでの諸原則を踏まえつつ、実際に超感覚的認識を人間観察に応用しますと、人間生体が外界から物質として取り込んでいるのは栄養物だけである、と言えるはずです。それ以外で人間に作用する影響とは、すべて目に見えない超感覚的な諸力です。試みに、人間生体から栄養物に由来する物をすべて取り除いたと考えてみましょう。そうしますと、物質的な意味では…ありきたりな表現で恐縮ですが…空の袋すら残りません。つまりまったく何も残りません。なぜなら、すべての肉体器官を包み込む袋である皮膚も、ふさわしく加工された栄養物が適切な場にもたらされたものだからです。栄養物やその加工物をすべて無視しますと、生体に残るのは超感覚的な作用系だけですし、この超感覚的作用系が同化した栄養物を身体の隅々にまで分配しているのです。この考えをきちんと理解したなら、皆さんは、「外界から素材が勝手に取り込まれ、それが勝手に活動することで、人間生体内の厳密で適切な活動が生じることはあり得ないので、ほんの一欠片の栄養物が摂り込まれるにあたっても、一つの前提条件がある」と言われるでしょう。栄養物を物質的に取り込む栄養摂取の第一段階において、すでに、超感覚的世界に由来し、人間が事前に持つ内的作用系が関与しているはずです。このように、人間を素材で満たし肉体化する際に、まずその素材に働きかけるものは、必然的に超感覚的なものです。そしてこれを、オカルティズムの世界では広い意味での人間フォルムと呼んでいます。人間生体の一番下側の境界では、物質的素材とこの超感覚的人間フォルムが対置しています。この人間フォルムとは超感覚的世界で生じた作用系で、そこに物質が取り込まれ、肉体的・感覚的存在として目に見える人間形姿を作り上げます…しかしこれは、物質的な意味での袋や皮ではなく、超物質的、超感覚的なものです…。この超感覚的フォルムは同化した栄養物を仕分けし、適切に組み込み、それによって初めて、元々は完全に超感覚的存在であった人間有機体を、目で見て手に触れられる肉体的・感覚的生体にするのです。この物質的素材と対置する存在は《フォルム》と呼ばれます。その理由は、自然界のあらゆる領域で同じ法則が働いていて、それが《フォルム原則》と呼ばれるからです。外の世界では、結晶という下位の存在にいたるまで、いたるところでフォルム原則が働いているのを見ることができます。何らかの素材が結晶になるとしましょう。そのためには、言わば結晶のフォルム原則が素材を捉えなくてはなりません。つまり、フォルム原則が物質素材の助けを借りてしかるべき結晶の姿をとるのです。食塩、塩化ナトリウムを例にしますと、これは二つの物質、つまり塩素という気体とナトリウムという金属が結びついたものです。ご承知のように、これら二つの物質がこのフォルム形成存在に組み込まれますと、化学結合によって立方体の結晶になりますが、そうなる前はそれぞれの固有の性質や固有のフォルムを示しています。このフォルム原則に組み入れられる前には、この二つの素材には何の共通点もありませんでした。しかしこれらがフォルム原則に取り込まれ、そこに組み込まれますと、食塩という物質体を作り出すのです。

3

生体内に見られるあらゆる素材は変容した栄養物ですが、それよりも前に、超感覚的構成体の中で最も下位である超感覚的フォルムが存在していなくてはなりません。フォルム原則によって生体に外界との境界がすでにできあがっている場合、栄養素材が生体に入り込んで来るに当たっては、普通、口を介して消化管に取り込まれます。栄養素材はこのときすでに口腔内で変容を始めています。そして消化管を通過しながらさらに変容します。もし人間生体に高次の原則であるフォルム原則が組み込まれていなければ、こうした非常に複雑な変容も起きなかったでしょう。このフォルム原則の働きで、栄養物が…これは仮に摂取されても、互いに無関係なはずです…変容し、生体を形づくることができるのです。人間と植物では段階がまったく違うのでそこでのプロセスも異なりますが、人間の消化管内における栄養物の変容を、植物が無機的大地から吸収した栄養物の変容や、それによるフォルム形成と比べてみましょう。植物でそれが可能なのは、ある生命プロセスが栄養物の流れを取り込むからです。そしてその生命プロセスは、超感覚的原則の第一段階であり、オカルティズムではエーテル体と呼ばれます。人間の場合も同様に、生体内に取り込まれた栄養物は、エーテル体の作用を受けます。つまり、エーテル体が素材を変容し、それを人間生体内の法則性に従わせる役割を担っているのです。超感覚的構成体の第一段階、つまりエーテル体がまず最初に栄養素材を変容している、と見なせるはずです。栄養素材は、変容して生命プロセスに取り込まれますと、これまでの講義で述べてきた働きかけを受け、さらに人間生体に適合したものになります。つまり、より高次の原則を具現しているアストラル体や自我の器官にふさわしいものになるまで、徐々に変容されなくてはなりません。簡単に言いますと、アストラル体や自我といった高次の原則は、栄養・消化器官にまで降り、変容した栄養物の段階まで降りて、アストラル体や自我の固有の活性をそこに送り込む必要があるのです。

4

　ここまで来ますと、この栄養物の流れに体内惑星系とした七つの器官が対置します。ここでもう一度、体内惑星系を模式的に描いてみましょう。

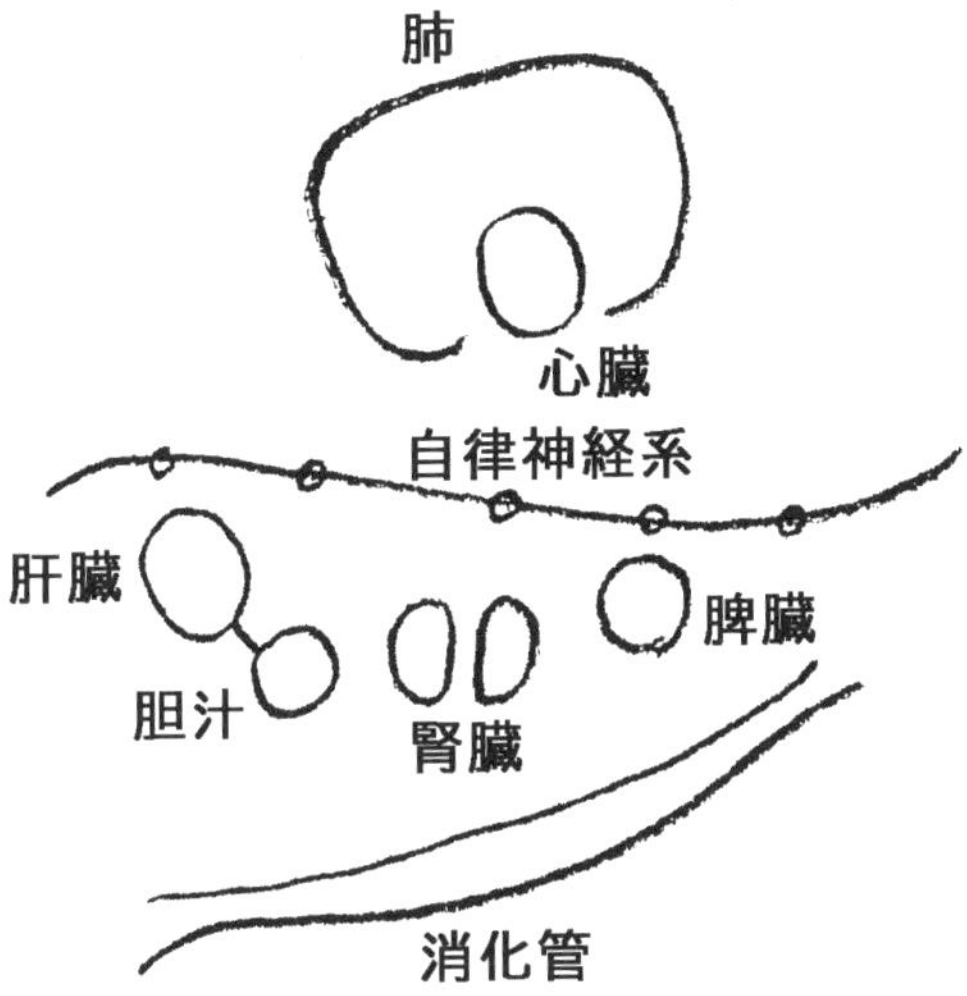

## 体内惑星系の働き

5 栄養物の流れを見ますと、まず摂取され、消化管での種々の作用で変化し、さらに肝臓、胆汁、脾臓、心臓、肺、腎臓等々の影響を受けます。相応の作用系を持ったこれらの器官は栄養物をさらに変容させますが、その変容にはどのような意味があるでしょうか。…その意味はこうです。消化管段階まで変容した栄養物は、生命フォルムの素材にはなります。しかし、この段階までですと、人間は意識を持つことはできず、植物存在に止まります。この段階の素材では、高次の人間的能力の道具となる諸器官を、適切に作り上げることができないからです。しかし、この七つの器官が栄養物をさらに変容するのです。しかしまた、自律神経の働きでこれらのプロセスが意識に上らないこともすでに見てまいりました。ですから、自律神経系も七つの器官と同様に、栄養物の流れにかかわっていると言えます。

6 外側からの栄養物の流れを見てまいりましたが、ここまで来ますとかなり高度な意味で生体内部に入り込んでいます。そして、この七つの器官の相互的協働関係は、地上のどこを探しても人体内にしか存在しない、とも言えるものです。しかし、そうなりうるのは次の二つの条件が満たされているからです。まずこの内側が外界から完全に遮断されていること、そしてこの内側の活動のための素材を消化管が準備していること、です。この段階まで来ますと、これはもう人間生体内部です。

## 7　内部とだけ関係する諸器官

ここで、生体内の外部と関係しない部分は、生体自らが自らを組織化し、細分化しなくてはならない、という特異なことに気付きます。生体はさまざまなことを必要とし、そうした要求をすべて満たすためには、生体自身が、複雑な相互関係を持つさまざまな器官を作り出さなくてはなりません。内的な種々の活動には、多様な器官が必要なのです。これらの器官が果たすべき役割は、以下に述べる意識にかかわる事柄です。まず、内界惑星系が栄養物を変容するだけでは、人間は意識を持つことはできません。これらの器官で起きることは、すべて自律神経系によって意識から隔絶されていますから、人間は最も朦朧とした意識すら持ち得ないでしょう。これらの内的器官系は言わば外側から作られているので、より内側の器官と何らかの形でつながっていなくてはならないのです。事実からすれば、このつながりは、すべてが栄養プロセス由来である広義の結合組織が、人間の全生体フォルムを貫いていることによって実現されています。最も単純な組織である一種の結合組織は、人間のすべての構成部分に浸透していますし、変容し、変形し、結果的にあらゆる器官を形成しうる能力を持っています。たとえば、ある種の結合組織は、特殊な細胞が集まって筋肉に変化しますし、また別なものは、硬化し、相応の物質を蓄積して骨細胞になります。身体全体に結合組織がくまなく広がっていて、すべての器官がそれを元に形成されますから、どの器官の基盤も結合組織である、と考える必要があります。このように結合組織は、さまざまに形成されうる可能性を持ちますが、もしも結合組織がさらなる成長やさらなる器官分化の可能性を持ち続けるとしたら、基本的にそこには植物的なものしか現れないでしょう。なぜなら、成長や新たな器官形成というのは、本質的に植物的だからです。人間はそうした植物的なものを超えていますから、植物的営みを越えた何かまったく別な要素を持っているはずです。人間は、その別な要素として、自分自身の内的な営みを知覚するという、朦朧とした、とりあえずは最も単純な意識を持っているはずです。ある存在が自らの内的な営みを意識的に体験できないうちは、言い換えると、自らの内的営みを共体験すべく、言わば内的に自らを映し出すことができないうちは、植物の域を超えているとは言えません。単に生命を持つだけでなく、内的過程を映し出し、それを共体験し、それによって生命を意識的に体験したときにはじめて、その存在は植物の域を超えたと言えるのです。

8

それでは、意識的な体験は、そもそも何によって可能になるのでしょうか。その答えを私たちはすでに知っています。これまでの講演（第五講）で、意識的な体験を可能にしてくれるのが排泄プロセスであることをお話ししました。ですから、体内の生命プロセス全体に広がっている朦朧とした内的体験の基礎も、排泄プロセスであるはずです。すべての結合組織においても排泄プロセスが行われているはずなのです。そして生体を外的に観察しますと、実際に排泄プロセスが見つかります。つまり、結合組織のあらゆる部分が絶えず物質を放出していて、それをリンパ系が受け取っているのです。そして、このリンパ系は血液系ではありませんが、血液系と同様に生体全体の隅々にまで行きわたっています。生体の要所要所にリンパ系に流れ出る排泄プロセスがあり、それが朦朧とした内的体験を仲介しているのです。あり得ないことですが、仮に血液系がまったく存在せず、結合組織にも血液的特性がまったくないと考えますと、血液系でのプロセスがリンパ系のそれより高次であることがイメージできるでしょう。このリンパ系の排泄によって人間は朦朧とした動物的意識を持ち、その中で自分自身の肉体を感じるのです。自らの生体が朦朧と映し出されます。消化・栄養吸収プロセスや、体内惑星系から意識に上らんとするものは、自律神経系によって遮断されています。しかしそれと並行して、リンパ系との相互作用によって、言わば自律神経系の反作用として朦朧意識が生じます。しかし今日の人間では、朦朧意識は明るく目覚めた意識によって覆い隠されています。弱い光が強い光に覆い被されてしまうのと同じで、そうした意識は自我による明るく目覚めた意識に覆い被されているのです。この朦朧意識は、自律神経系を道具とする意識の別な面なのです。

もし結合組織、並びに消化過程やリンパ管への排泄に必要な器官までしか発達しなかったら、体内の営みに対する朦朧意識しか存在しなかったでしょう。また、自我意識を持つところまではいかなかったはずです。自我意識が生まれるには、体内体験だけでは不十分で、外界と結びつく必要があるからです。ここで再び、外界との結びつきを取り上げることになります。この点もすでに述べましたが、人間は呼吸において外界と直接につながっています。次に、人間の内側をたどっていきますと、消化器系にまで達します。つまり、体内惑星系の分岐が消化管にまで伸び、そこで外界とつながり、外からの栄養を摂取しています。人間は、外界から取り込んだ栄養素材と密接な関係を持ちますから、単に内的存在というわけではありません。すでに学んだように、もう一つ、呼吸でも人間は外界と結びつきますし、さらに魂の道具となる器官においては、もう一段高次なレベルで外界と結びつきます。

ここで、意識的営みには二つの基盤があることがはっきりしました。一つは朦朧とした体内の営みであり、もう一つは外界との結びつきでした。その両方があって初めて、人間は自我存在となりうるのです。つまり、体内の営みの中で排泄による抵抗を感じ取るだけでなく、眼前の外界が抵抗として存在するときに初めて、人間は自我意識を育てうるのです。このように人間にはもう一つの道筋で外界とつながる可能性があり、この事実が物質界における人間の自我性の基盤なのです。自我性にはこのように多くのものがかかわっていますから、この自我性のための器官を作り上げるにあたっても多様なものがかかわっているはずです。そして私たちは実際、この自我性の器官、つまり血液が、生体にどのように組み込まれ、自我の道具としてどのようにあらゆる器官に浸透しているかを見てきました。魂的・霊的に見ますと、自我性が人間全体にいきわたり、活動していますが、肉体的に見ますと、血液循環が生体全体にくまなくいきわたり、さらに内外の両面に向かい合っています。つまり、内側には七つの器官などで向かい合い、外側では外界と結びついているのです。ですから言葉の最高の意味において、血液循環には、物質的現象の背後にある諸力、自我と接点を持つ諸力を認めることができるのです。

## 11 栄養物に立ち向かう胆汁

さてここで、この循環系の個々の相を見てみましょう。そこでまずもう一度、栄養プロセスの流れをたどる必要があります。栄養物は体内に取り込まれ、エーテル体の諸力の作用を受け、命の流れとなり、その命の流れに内界惑星系の七つの器官が働きかけますし、そうした働きがあるのは…すでに見てまいりましたが…人間が植物的存在を越え出るためでした。つまり、この栄養の流れに向かい合う七つの器官からの一段高次の働きかけが、どうしても必要なのです。命を持った栄養の流れにアストラル由来のものが立ち向かいます。外からの栄養の流れに内的本性が対抗して働くのです。栄養の流れでは、まずは外界が取り込まれ、消化器系で変容させられることでエーテル体と出会います。次にアストラル体が現れ、それに立ち向かい、さらに変容し、人間の内的活性にふさわしくそれを組み込んでいきます。この栄養物の流れに対しては、それより高次である自我の力、つまり血液そのものも作用しているはずです。つまり、自我の道具の作用が栄養物を取り込む地点まで降りているはずなのです。血液はそうしているでしょうか。これはオカルト的に観て正しいのでしょうか。これはまさにその通り、正しいのです。血液は他のあらゆる器官と同様、栄養器官系にまでも降りて入り込んでいます。血液は栄養器官系においてある一つのプロセスを完了するのです。そしてまさにそのプロセスによって、血液は物質界における自我の完全なる道具となり得るのです。すでにご承知のように、自我の道具である血液は、いわゆる赤い血から青い血への変容を経過しなければなりません。自我は、その道具である血液によって、消化、栄養摂取プロセスの初期段階にまで降りていき、そこで働きます。そして、ここでもまた抵抗が問題になります。さて、それはどのようなかたちで行われているのでしょうか。血液は門脈系を通って肝臓に入り、そこで胆汁に変容し、その変容した血液である胆汁が栄養物の流れと直接にぶつかり合うのです。このように胆汁において、人間有機体の両端が内的にすばらしいかたちでつながるのです。その両端の一方は最も外的な物質、つまり消化管に取り込まれた栄養物の流れであり、もう一方は、地上存在としての人間が持ちうる最も高貴なもの、つまり血液をその道具としている自我です。自我はこのように外的物質と直接に結びつきます。つまり、肝臓を経由して、血液プロセスから…変容した血液である…胆汁が形成され、その胆汁内で自我が栄養物の流れに直接向かい合っているのです。

12　このように自我は、最も未加工な素材にまで降り、そこでも作用しますし、胆汁のような高度に組織化された素材を自らの内から作り出しもするのです。血液や胆汁が栄養プロセスと密接に相互作用し合う事実を学ぶとき、そこには人間生体の神秘が明確に現れていると気付くはずです。そして、たとえば胆汁が閉塞や逆流によって血液中に入り込み、いわゆる黄疸といった異常を起こしても、このプロセスをたどることで、より正しい診断や処置を行うことができるでしょう。しかし、今日はそこまで話を広げることはできません。

13　ここで七つの器官の実情がわかりました。これらはエーテル体の作用にまで降りていますし、また上からは自我の働きが降りてきています。つまり胆汁とは、自我の影響下で直接に栄養物の流れに立ち向かうのです。胆汁は消化プロセスにおいて、栄養物の命の流れに対して働きかけています。そのためには、胆汁もまた命を持った素材でなくてはなりません。言い換えますと、胆汁を形成する器官は体内惑星系に属し、体内に命を与える器官なのです。それゆえ胆汁は内側の命であり、外からの命と向き合うことができるのです。

14 胆汁は肝臓と関係していましたが、同様に肝臓は脾臓とも関係しています。この肝臓、胆汁、脾臓といった諸器官については、栄養物の流れに直接立ち向かい、それを人間有機体のより高次な段階に引き上げられる状態にまで変容している、と言えるはずです。これらの七つの器官は、外界につながる器官にも栄養を送らなくてはいけません。そうした器官とは、心臓、肺、消化管そのもの、さらには感覚器官などの頭部器官などがあります。

## 意識を成り立たせる諸要素

15 前にも説明いたしましたが、排泄プロセスにはある内的体験が密接に結びついていました。そのために排泄プロセスを特別に取り上げて考察もしたのです。肝臓、胆汁、脾臓は物質を分泌はしますが、それは栄養摂取と関係していますので、全生体ということで考えますと、排泄プロセスには当たりません。これらの器官は、上昇的営みの仲介役として最下位の活動に入りこみ、それを意識そのもの、また意識のための器官へと導きます。そしてさらに第四の器官である心臓が組み込まれ、血流が外界とつながることで人間は自我意識を獲得します。しかし、もしこの外に向かった自我が身体内の営みに伴う朦朧意識と結びつかなかったら、人間はそれを外界と向かい合う自我としては体験できなかったでしょう。体内の排泄プロセス以外に何か別なものが存在するはずですし、それが内的体験を、血液を道具とする自我に伝えているはずです。

16

まずリンパ系の排泄によって、人間は体内の営みを朦朧意識の中で体験しました。そしてさらに血液からの排泄が不可欠なはずです。その排泄によって人間は、個的存在として、内的自我として、外界と対峙していることを自覚するはずです。そうでなかったら、人間は外界の体験に際して内的には自らを失ってしまうでしょう。呼吸し、食事を摂り、それを消化しているまさにその存在が、内的に体験している自分と同一であるとは自覚できないのです。人間が自らを失うことなく、固有の存在として外界と向かい合うことができるためには、変容した血液から肺を通して二酸化炭素を排泄し、腎臓を通して物質を排泄する必要があるのです。

## 諸器官系と惑星

17

ここまで、肝臓、胆汁、脾臓という下から上へのプロセスを仲介する器官、さらには肺や腎臓という上から下へのプロセスを仲介する器官について、機能も含めてお話しいたしました。

しかし、模式的に考えてはいけません。…神智学的考察では模式に陥ることは決してありませんが…たとえば肺は外界とつながっていますので、上昇的プロセスも仲介すると見なすことができます。体内惑星系の非常に重要な七つの器官が、人間の内的体験とどのように関係し、さらには外界とどのように結びつくかを見てまいりました。他方、これらは栄養物の持つ固有の活性を人体内の活性に変化させ、この変容させた素材で人間生体を養っています。またこれらは、人間が外界と別なかたちで結びつく可能性を与えています。その他にも、過度の内的活性が生じたときに、それを肺や腎臓の排泄プロセスによって外に出す可能性もあります。肺や腎臓の働きで、器官系の活性を規則正しく調整しているのです。諸器官系がこのように相互に働き合うこの関係を表現するにあたって、オカルティズムの立場からは次のイメージが最も適切です。つまり、心臓が太陽として中心にあり、上昇系のプロセスで働く体内惑星系の肝臓、胆汁、脾臓に作用を及ぼしています。マクロコスモスでの太陽と木星、火星、土星の関係は、ミクロコスモス、つまり生体内での、太陽…心臓、木星…肝臓、火星…胆汁、土星…脾臓の関係と対応します。太陽と外惑星の関係が、心臓と肝臓・胆汁・脾臓の関係に相当する理由を、正確で精密なオカルト的観察からご説明するためには、何週間、いや何ヶ月間もお話しする必要があります。外的諸関連からもこの並行関係は間違いなく認められますし、これらの諸器官の相互作用はマクロコスモスにおける太陽系での出来事の写しなのです。同様に、太陽と地球までをも含んだ内惑星の間で繰り広げられる諸関係も、間違いなく、心臓と肺や腎臓との関係の中に反映されています。このように、人間の体内宇宙は外的宇宙を写し出しているのです。

18

これまでの講演ですでに触れたように、自分自身の内側に霊視的に入り込んでいきますと、内臓を単に肉眼で見えるだけのものとは見なさなくなります。外的解剖学が述べている諸器官についての想像力豊かなイメージを克服しなくてはいけません。そのためには、これらの器官が作用系であることを考慮し、その真の姿を観察する段階にまで上るのです。外的な解剖学は、諸器官を、変容され蓄積された栄養物としてしか見ませんから、これらの真の本性を根本から見ることはできません。そしてまた、まさにその観方だけを有効としているがゆえに、器官の根底にある作用系を認識できないのです。これらの諸器官の基盤には作用系がありますし、それを霊視できる者は、外宇宙に存する諸惑星の関連が内臓系に反映されていることを認識しますから、諸器官を惑星の名前で呼ぶことの正当性も認めるのです。

## 金属と惑星の対応、および種々の薬剤

19

さて、昨日、諸器官の内的活性が過剰になりうるという話をしました。すべての器官が過剰な内的活性を持つ可能性があり、こうした異常は生体全体に影響します。昨日も触れましたが、そうした過剰な内的活性が原因で内臓に何か頑固な営みが生じてしまった場合には、この過剰な活性を和らげる対抗措置が必要になります。言い換えますと、内臓が外からの栄養物が持つ

内的活性をあまりに強く変化させ過ぎ、変化し過ぎた内的産物を産出するような場合には、外からそれに対抗して、内的活性を和らげる措置を講じなくてはなりません。

これを行うにはどうしたらよいでしょうか。過度の内的活性を示す器官に作用を与えるのですから、その活性と反対の向きを持つものを外界で探し、それを投与し、強過ぎる活性を抑えなくてはなりません。それぞれの器官について、その活性に対応する外的活性を持つものを探さなくてはなりません。中世にはこれらについての多くの知見があり、諸器官の過剰な活性に対し、外界の物質がどのように作用しうるかがわかっていました。中世の文献は悪気なしに誤った改変を受けていることが多いのですが、現代人にとっては、そうした書物で出会うこうした事柄は素晴らしき迷信にしか思えませんし、まったく耳に馴染みません。しかし、オカルト的学問においては、体内惑星系の諸器官とそれに対応する物質について、何千年にもわたって、丁寧に、根底から深く研究されてきましたし、幾多の霊視的観察の中から、たとえば内的木星である肝臓の働きが過剰になっている場合、金属の錫がそれを抑制しうるとしています。胆汁の活性が過剰な場合には、鉄がそれを抑制します。これはまったく驚くにはあたりません。なぜなら鉄は、自我の道具である血液中に存在する唯一の金属として不可欠ですし、すでに見てまいりましたように、体内に入り込むものの中で一番密な物質である消化物の流れと自我とが、胆汁において出会うからです。同様に、脾臓に対応する外的な物質は鉛です。また、心臓…太陽…には金が対応し、肺…水星（マーキュリー）…これは名前からすぐにわかるとおり水銀が、

そして腎臓には銅、つまり金星が対応します。（板書）

| | | |
|---|---|---|
| 土星 | 脾臓 | 鉛 |
| 木星 | 肝臓 | 錫 |
| 火星 | 胆汁 | 鉄 |
| 太陽 | 心臓 | 金 |
| 水星 | 肺 | 水銀 |
| 金星 | 腎臓 | 銅 |

21 こうした金属の活性で内臓の過剰な活性を抑えようとするなら、次のことも知っていなくてはなりません。つまり、生体内のすべての器官は大なり小なり関係し合っていて、個々の器官系は並行して形成されています。別な表現をするなら、人間ができあがってくるときに、初めは頭部がない、などということはありません。つまり、上部血液循環と下部血液循環は対応していましたし、脳脊髄神経系はその上部血液循環に関係していましたから、下部血液循環に関係する体内惑星系の諸器官と対応して形成されます。

22 血液循環には上下二つの向きがあることはすでに見てきました。それと同様にリンパ系でも、朦朧意識と関係する上への作用、つまり生体の上部に向かうものがあります。さてここで、上向きの血流と下向きの血流が対応している、という事実から、今述べた諸金属の上部器官系に対する類縁性も見ることができます。肺が外界とつながる途中に、上部組織の一つである咽頭があることはご存知の通りです。鉄は下部器官では胆汁と関連しましたが、同様に、上部器官では咽頭と関連します。もちろんこうした事柄は難解ですが、それでもいくつかは取り上げるだけでも取り上げたいと思います。胆汁と咽頭が鉄を介して関連していると述べましたが、錫…木星…は上部器官では頭部、特に前頭部や脳の形成、そしてもちろん肝臓と関係しています。また鉛…土星…は後頭部や脾臓と関係しています。

23 こうしたやり方で、考察を、血液循環とつながるあらゆる器官、体内惑星系、さらには体内惑星系の外界との関係にまで広げることができます。正常な営みだけでなく、異常な状態についても、こうした対応関係を考えることができます。この内臓と金属との対応関係は非常に興味深い事実です。数々の療法が記された多くの文献を、読み散らかすのではなく系統的に研究しますと、これらの対応関係は外的事実によっても自ずと証明されるはずです。現状では、これらは豊かな想像力の産物と見なされるでしょうが、それに対しオカルティストは沈黙するのみです。なぜなら、私たちの主張が外的諸事実によって根拠付けられる日が、いずれ必ずやって来るからです。

24 ところで、たとえば腎臓病には普通に銅を投与すればよい、と考えることは許されませんし、これはもちろん間違いです。金属的素材を生体に取り込ませるときには、その金属を加熱し、一

## 25

種の金属蒸気にしなくてはなりません。そうしますと蒸気状の粒のようなものが生じ、この状態にしますと、金属の持つ金属性を内臓に作用させることができます。さて次に血液系の病気ですが、これには金属は効きません。前に、血液系では一種の塩蓄積が起きていると述べました。ですから、内臓に効くのが金属だとすれば、血液に効くのは塩的なものです。血液系に外的な金属を作用させようとするなら、それを塩的なものにして投与しなくてはなりません。これは塩を含んだ空気を呼吸したり、塩を含んだ入浴などで行うことができます。また消化プロセスという別な方向からも、塩や塩形成的なものを投与することができます。つまり、塩形成、塩蓄積のプロセスを二つの側から喚起することができます。

内的な霊的・魂的プロセスが肉体に影響する、という昨日の話をちょっと思い出してみてください。すると、金属的作用プロセスと感情プロセスの肉体への作用が対極にあることが、容易におわかりになると思います。なぜならこうした感情プロセスは、血液内の湧出プロセスと密接に関係していましたから、逆の活性を持つ金属プロセスを外から加えることで、この湧出プロセスを抑えられるからです。たとえば、消化活動が優性になり過ぎ、栄養物の流れにエーテル体が対抗する地点で、消化活動の固有の活性が展開してしまっている場合を考えてみましょう。このときには、適切な塩を投与すればそれを抑えることができます。なぜなら、エーテル体が栄養物に過剰に作用する状態とは、塩（食塩）の過剰摂取を意味するからです。何らかの（別な）塩が持つ外的活性を加えることで、このエーテル体を弱めなくてはなりません。

26 さらに、外的な燃焼・酸化プロセスと似た、空気中の酸素と結びつく反応がありました。空気中の酸素と結びつきやすい素材は、そのどれもが体内に取り込まれますと自分の持つ固有の活性を放射し、生体内の最も深くにまで浸透させます。体内に塩が投与されますと、それは生体にほどよく作用するのに対し、金属性のものは体内惑星系にまで働きかけます。さらに、酸素と結びつきやすい素材が体内に取り込まれますと、その放射は生体全体を貫き、血液系にまで入り込みます。これがわかっていますと、意志衝動の外的現れである発熱作用の内的活性が強過ぎるときには、その影響が生体全体に及ぶ、という点も理解しやすいでしょう。思考の生体に対する反作用では事情が違います。思考活動による生体への作用は、特定の器官にだけ及ぶことが感じられます。このように、生体のすべての器官は非常に複雑に絡み合っていますし、また外界との関係も複雑であることがおわかりになると思います。

## 薬草並びに動物性薬剤について

27 ここまでは無機界の素材、つまり塩や気化した金属が、人間の内的活性に対してどのように作用しうるかをお話ししました。しかし、自然界の別な領域の素材でも人間に働きかけることができます。つまり、植物界の活性も生体に作用しうるのです。しかし、すでにお話ししたように、内臓器官は素材の持つ固有の活性を取り除きますから、薬草を単に栄養物として摂取しても、たいした効果は期待できません。植物の持つ固有の性質をそのまま生体内に取り込もうとするなら、それを栄養物として摂取しても無駄です。また、植物が持つ最も高次な構成要素はエーテル体ですので、これは自我には作用しません。さらに、植物的なものは栄養物の流れがエーテル体に取り込まれる地点で吸収されますから、その前段階である消化管にあるうちは治療薬として作用しません。そうではなく、エーテル体の他にアストラル体も作用している器官ではじめて効果を発揮します。植物的なものが、体内惑星系や自律神経系やリンパ系においてはじめて働き始める理由はそこにあります。しかしこの作用は、人間が血液を介して再び外界とつながる段階には及びません。このように植物は人間生体の真ん中の部分に対応していますから、植物の活性が期待できるのは、体内惑星系に属する器官や、それに対応する生体の上部器官、つまり頭部器官に限られます。したがって、これらの器官の活動や機能に障害や異常が見られるときには、植物的なもので治療できる可能性があります。

28

以上で、金属、塩、植物の作用をお話ししました。生体の不調や不具合と闘う方法について、これ以上お話しするのは止めようと思います。それは、時間がないということ以上に、神智学者から見れば、諸派閥の論争が勃発している領域には口を挟まない方がよいからです。これまでお話しした事柄については、派閥間で論争はありません。単にこれを受け入れ、それが正しいことを見通すか、あるいはまったく馬鹿げた想像の産物と見なすだけでしょう。そう思われても気にすることはありません。人々から馬鹿げたことを言っていると思われたくなかったら、神智学者はとうに口を閉ざしています。しかし、動物性物質の生体に対する作用では、派閥間の論争に巻き込まれますし、その賛否の論争に神智学も首を突っ込もうとしていると思われてしまいます。そのような狂信的な論争に加わるのは神智学者の本意ではありませんし、それをしてしまいますと、客観的な人間一般という立場から離れてしまいます。

## 29 発生現象との関係

暗示的に概略しかお話しできませんでしたが、それでも人間生体においては、諸器官がさまざまな発達段階にあり、それらが相互に、また生体全体に対し多種多様に関係し合う複雑なシステムをなしている、という一点だけはおわかりいただけたと思います。肉体として、肉眼で見たり手で触れたりできるものは人間生体の一部に過ぎませんし、そこに働く超感覚的なものは、通常の感覚では知覚できず、霊眼によってはじめて明らかになります。そうしたことから、すべての器官が同じ形成段階にあるとは言えず、ご覧の通り第二段階の器官もあれば第一段階の器官もありました。たとえば脳は、脊髄よりも高度に発達した第二段階の器官であり、以前は脊髄と同じ段階にあったとお話ししました。それと同様に、消化系や血液系は、リンパ系よりも進んだ段階にある器官と見なすことができます。この場合、リンパ系は脊髄に相当する段階にあり、外界ともつながっておらず、そこでの生産物質は体内の結合組織にだけ排泄されていて、第一段階にある器官と言えます。それに対し、消化系や血液系は、すでに幾重もの変化を経ていて、第二段階の器官と言えます。これは非常に重要な視点です。現在のリンパ系とは、もし他の器官系がすでに存在していなければ、消化器系、血液系へと発展していくはずの器官なのです。

30 最も単純な意識伝達系がリンパ系で、より複雑なものは消化系、血液系にあたります。つまり、現在とは異なる役割を果たしていた器官系から生じてきた器官とは、どちらなのでしょうか。今ここでお話しした内容は、もし外的自然科学から学ぼうとするなら、それによってもはっきりと証明できます。諸器官の変容についてお話しした内容は、すべて発生学的研究から証明できるのです。一部の生物では発生の後期になって現れるものが、胚では原器として形成されていることがあります。完成した人間生体から受精卵にまで遡り、適切な方法を用いますと、そこに複雑な器官系の最初の原器を見出すことができますし、さらには原器の段階における器官系同士の関係を見ることができます。

31 人間の外側の覆いであり、外界との境界である皮膚、さらにはその皮膚に分布する感覚器官を見ますと、この外側との境界であるものは他のものから変容してきた、と言えるでしょう。皮膚は、脳と同じくらい非常に複雑な系ですし、脳も長期にわたる準備がなければ存在し得ませんでした。脳が変容した脊髄であり、栄養系や血液系が変容したリンパ系であるのと同じように、人間の最も外側の覆いは変容の産物なのです。そして、前段階での脊髄やリンパ系には上

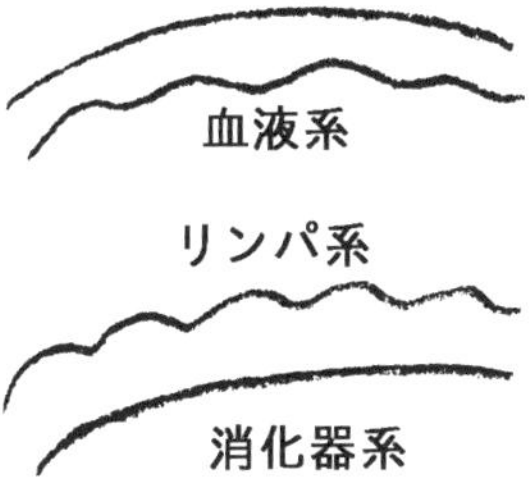


昇的傾向があったのに対し、現在の脊髄やリンパ系は停滞的発達にとどまっていると言えます。血液が今の状態になるには、二段階の変容を経ていることも示せるはずです。消化系や血液系は、外界とつながることでリンパ系から変容してきたのです。もし消化系が、その動きも含め内側に向かってだけ発達したとしますと、それは完全に内側に閉じこもり、現在のリンパ系と似た活動をしていたはずです。その器官は、結合組織に入ってきたものだけを吸収するはずです。

こんな風に図示してみたいと思います。人間の外側の覆いである皮膚は、他の系から変容してきたと見なせます。また、血液系や消化系も別な系から変容したものと見なせますが、その元々の系は現在では停滞的発達をしています。この発展的、停滞的な器官系が、胚発生の段階で暗示的にでも特定できるかを検討してみなくてはなりません。実際、生体のすべての器官が

胚では原器として暗示的に存在しているのです。…それを模式的に描きます…胚葉が四層に重なっていて、外側は外胚葉、内側は内胚葉、そして中間部の二層が中胚葉と呼ばれます。

33 私たちの見解では、この皮膚・神経胚葉とも呼ばれる外胚葉は、変容の産物と見なすことができ、その前段階が中胚葉外層に見られます。ここに胚原器があり、それがより高次の段階に発展することで皮膚・神経胚葉となるのです。そして中胚葉の内層部分の中には、後に内胚葉つまり腸腺胚葉になるものの初期段階が見られます。

34 人間の胚発生を観察しますと、二層の中胚葉には原器が暗示されていて、外胚葉、内胚葉はすでに変容を経たものが見られます。ですから、二層の中胚葉は原初の状態を表し、外胚葉と内胚葉はより高次に発達した状態です。

## 両性配偶子の特徴

35
さて、ご存知のように、発生可能な胚が生じるためには、二つの配偶子が融合しなくてはなりません。男女の配偶子が生き生きと相互に作用し合うことによって、はじめて新たな胚ができあがります。ですから、必要なすべてのプロセスがこれらの両配偶子に二分されているはずですし、それらが合体して胚になることで人間生体へと発生していくのです。

こうした状況をオカルティズムの立場ではどう見るのでしょうか。オカルティズムの見地か
36
らしますと、もし現在の物質的状況下で、女性的胚（内胚葉）が男性的なもの抜きで発生したとしますと、最終的に人間に固さを与え、骨格系を作っていくフォルム原則と呼ばれるものが展開せず、頭部感覚系も作ることができません。そこから発生してくる女性的胚は、現状の世界に対しては善良過ぎるとすら言えます。と言いますのは、外的地上界において生体が必要とするプロセスをすべて持っているわけではないからです。この女性的胚は、骨格系を蓄積して《地上化》することもなく、感覚を介して外界と結びつく可能性も持たないでしょう。この胚は、内側に柔らかい素材があるだけで固い骨格系はなく、外界に何らかの支えを必要とし、また外界との結びつきはなく、体内の営みに閉じこもるはずです。これが胚の女性的な部分で、現在

の地上存在にとって可能な域を超えてしまっています。あまりにもわずかしか地上化しておらず、またあまりにもわずかしか外界とつながっていない、このように繊細な生体にとっては、今日の地上における物質的状況では、生存に必要な条件が整っていないからです。そうした生体は今日の地上的状況では、初めから死ぬ運命にあります。人間には過度に発達し過ぎる傾向がありますし、それによって、死すべき運命の原因が、胚段階で現実に埋め込まれているのです。

胚のもう一つの部分、つまり男性的胚（外胚葉）は正反対の状態です。もし男性的胚がそれだけで発生したとしますと、外界とつながる皮膚・感覚系の方向と、骨格系へと固化していく方向が異常に強く発達し、女性的胚とは逆の方向で目標を行き過ぎてしまうでしょう。女性的胚も生存できませんでしたが、この方向で行き過ぎても、生存可能な胚にはなりません。なぜなら、男性的胚がもしもそのまま発生したとしますと、今日の地上的状況ですと、自分自身をも破壊し破滅させてしまうような強い力が発展してくるからです。つまり、こうした胚は今日のこの地上的状況では生体として存在すらできないのです。ですから、男性的胚が生存できるためには、そこに必ず女性的胚が加わり、両者が協働しなくてはなりません。この二つの配偶子が互いにバランスをとり合うことによって、つまり、受精によって死すべき運命を持った女性的胚に男性的胚の要素が加わり、釣り合いがとれることによって、はじめて完全なる人間の胚になるのです。男性的胚が単独で発生したとしますと、どこまでも深く地上的なものに入り込み、何倍も固い骨格系を持ち、同時に外界と過剰に強くつながり、そこに拡散してしまうでしょう。つまり、そうした諸力が男性的胚の中にひしめいているのです。それぞれ単独ではどちらも死ぬ運命にありますから、この二つの命を持った胚が、発生の第一段階から共になくてはなりません。一方が他方を凌駕することなく、生き生きと相互に作用し合うことで、はじめて地上的に生存できる人間の胚ができるのです。

38

概略を述べたに過ぎませんが、それでも人間の発生段階にまで霊的事実をたどれることを見てまいりました。これについてさらに詳しくお話しすることもできますが、この短い連続講演ですべてを語ることはできません。いわゆる超感覚的作用系とは、発生におけるすべての器官系に現れていますし、人類はそのおかげで、地上において生き続けられるのです。そして、もっと深いところから探求できれば、非常に細かい事柄すらも霊的現実である超感覚的作用系を基盤にしていることがわかるはずです。

## 加温プロセス

39

地球は、《地上化プロセス》の最も密な結果として私たちの中に骨格系を与え、逆に最も動きに富むものとして血液系を与えてくれました。ここで簡単にではあっても、どうしても言っておかなくてはならないことがあります。地上的・物質的人間である私たちの体内で起きることは、すべて血中のある過程に向かって上っていきます。その過程とは加温プロセスです。この血液の加温プロセスは自我が直接に表現される最高のものであり、他の生体プロセスはその下で行われています。加温プロセスとは最高次のものであり、この中には自我的・魂活動が直接に入り込んでいます。ですから私たちは、自我的・魂活動が内的な温かさに変容し、さらには血液プロセスでの肉体的な温かさにまで変容してゆくのを感じ取ります。つまり、加温プロセスを仲立ちすることによって、霊的・魂的なものが上から下に、身体レベル、生理的レベルにまで降りてくることがおわかりでしょう。この加温プロセスを介して霊的・魂的なものが生体にまでかかわることを示す事実は、いくらでも見つかるでしょう。加温プロセスは、栄養摂取器官の過程にも見られます。複雑な栄養系器官の活動に伴ってさまざまな変化が生じ、それによって肉体内に加温プロセスが生じます。これは下から上へと広がっていきます。つまり、肉体的な加温プロセスが霊的・魂的なものにまで達するのです。変容はそこで終わるのでしょうか。それともさらに続くのでしょうか。この続きについては簡単にしか触れられません。その先は聴衆の皆様にしっかり感じ、そしてお考えいただくよう、お任せいたします。こうした変容を、人間生体に対する真の畏敬の念と共に考察することができたら、生理学が無味乾燥な学問で終わることはなく、人間認識のための最高の源となりうることをおわかりいただけるでしょう。

　血液の内的温かさとは、あらゆる体内プロセスを介して生体によって贈られたものです。つまり、血液の内的温かさとは、生体内の他のあらゆるプロセスから咲き出た一つの華と見なされるべきなのです。生体の内的な温かさは霊的・魂的なものにまで上昇し、霊的・魂的なものへと変容し得ます。それこそが、肉体の力によって霊的・魂的なものへと変容させられた、最も高次で、最も美しいものなのです。人間の地上的身体に準備されたものがすべて温かさとなり、さらにはその温かさを人間が適切に変容するならば、そこからは他の存在に対する思いやりや関心が生まれてきます。生体の中で最高位に位置する加温プロセスにまで上りますと、これも熱プロセスから作られた生体を、言わば門のように通り抜け、血液の温かさが、魂的温かさによって利用されるのです。あらゆる存在への生き生きとした関心、周囲のすべてに対する思いやり、それらによって私たちは、肉体的営みを温かさにまで上昇させつつ、自らの霊的・魂的なものをあらゆる地上的存在を覆うまでに広げ、森羅万象と一体になるのです。これはすばらしい事実です。つまり、宇宙存在が、私たちの肉体器官という回り道をしながらも、最終的には私たちに内的な温かさを与えてくれました。そして今度は、その温かさを元にあらゆる存在に対する生き生きとした思いやりを作り上げる、という地上的使命へ、その温かさが導いてくれているのです。

41 温かさが、思いやりの感情の中で地上的使命に変容するのです。

42 私たちは、生体の活動を言わば霊のための暖房として使っています。ここに地上的使命の意味があります。つまり、肉体としての人間の使命は、地上的諸有機体を組み合わせ、あらゆる物質プロセスの完成形として、血液の温かさを冠のように戴くことでした。そしてミクロコスモスとしての人間の使命は、その内的な温かさをさらに森羅万象に対する愛や、生き生きとし

43

た思いやりの感情に変容し、湧き出させることなのです。生き生きとした関心を持って魂の中に受け入れたものは、すべて私たちの魂の営みを広げてくれます。私たちは多くの受肉を繰り返す中で、与えられたすべての温かさを使い果たしました。そして地球は目標を達成し、その地上的使命を果たしました。ですから今後は、地球は死体として下降し、崩壊していくでしょう。しかし、逆に上昇するものがあります。それは、肉体的温かさを心の温かさに変容した人間の魂全体なのです。人間が死の門をくぐり抜け、死体となった肉体を地上の諸力に委ねた後に、個々の魂はある霊的な世界に上っていきます。それと同じように、やがては地球の死体は宇宙の諸力に委ねられ、そして個々の人間の魂は新たな存在段階に進んでいきます。宇宙の中では何物も失われません。人間の魂が勝ち取った地上界の果実は、人間の魂によって、永遠なるものに変えられるのです。

このように霊学は、生体内の生理学的諸プロセスをも、私たちの永遠なる定めと関連付けてくれます。私たちにとって霊学は単なる理論や抽象的な認識ではありません。霊学が示すものをそのまま表現しますと、「私たち人間は単に地上に立つだけではなく、宇宙全体にも属している。そして、地上的諸力によって永遠なるものに働きかけることが人間の定めであると学び取るなら、私たちは、霊学によって成就すべきことを、霊学を通して自らに受け入れている」となるでしょう。この高い理想を認識ないしは予感する者が、友愛の中で集い、共に力を合わせるなら、言い換えますと、私たち自身が内に発達の芽を持つことを認識し、またその芽がさらなる地球進化、人類進化へと実りをもたらしうることを認識しますと、私たちは非常に謙虚になり、また思いやりを抱くでしょう。つまり神智学者である私たちは、私たち自身の諸力を発達させることによって地上的使命の遂行に参与することができる、という感情です。

44

私たちはここに集い、そしてまた実生活に戻ります。ここでは概略しか述べられず、単にきっかけでしかなかったものの多くを皆さんは持ち帰り、さらに発展させてくださるでしょう。世界に散らばってはいきますが、生き生きとした思考や知覚、そしてまたあらゆる意志を持って、互いに調和しつつ共に働きたいと思います。この精神を持ってお別れし、この精神を持って、機会があれば再びお会いいたしましょう。

| | | | | | | |
|---|---|---|---|---|---|---|
| 土星 | 脾臓 | 鉛 | 後頭部 | 太陽 | 心臓 | 金 |
| 木星 | 肝臓 | 錫 | 前頭部、脳 | 水星 | 肺 | 水銀 |
| 火星 | 胆汁 | 鉄 | 咽頭 | 金星 | 腎臓 | 銅 |

血液の病気には、呼吸、入浴、消化器を経由して塩を投与。
湧出プロセスは金属によって抑制可能。
易酸化性の素材は身体全体にその活性を放射する。

### 薬草並びに動物性薬剤について

第27段落

薬草は栄養物からは摂取されにくい。また、体内惑星系（それに対応する頭部器官）、自律神経系、リンパ系に作用し、消化管、自我、血液の外界との接点では作用しない。動物的薬剤については触れない。

### 発生現象との関係

第29段落

神経・皮膚系（外胚葉）や消化器系（内胚葉）はリンパ系（中胚葉）から生じる。第２段階の器官はかつての第１段階の器官から生じた。

### 両性配偶子の特徴

第35段落

女性的胚は内胚葉で、これのみだと内に閉じこもる。男性的胚は外胚葉であり、これのみでは外への拡散と中心への硬化に分極する。両者とも単独では生存不可。

### 加温プロセス

第39段落

生体内のあらゆるプロセスは血液での加温プロセスへつながり、さらに魂的・霊的熱に続き、さらに被造物への愛へと変容する。血液の温かさまでは肉体の使命であり、それを愛に変容するのが人間の使命。

## ■第８講

### 生体内諸プロセスのつながり
第１段落

不可視なるフォルムがまず存在し、そこに栄養物が蓄積する。栄養物を、まずエーテル体、さらにはアストラル体や自我がそれぞれの仕方で作用し変容させる。

### 体内惑星系の働き
第５段落

消化器は栄養素材を生命素材に引き上げ、体内惑星系はさらに意識素材にまで引き上げる。

### 内部とだけ関係する諸器官
第７段落

結合組織は完全な内部組織である。結合組織における器官分化能力の喪失、さらにはリンパでの排泄プロセスによって朦朧意識が生じる。さらに呼吸や知覚による外界との接触でより明瞭な意識を持ちうる。

### 栄養物に立ち向かう胆汁
第11段落

変容した赤血球であり、肝臓から命を受け継ぐ胆汁が、固有の生命を持つ栄養物に立ち向かう。つまり、自我が栄養物のレベルにまで降り、自我に相応しい素材を準備している。

### 意識を成り立たせる諸要素
第15段落

リンパでの排泄、血液の外界との接触、$CO_2$、尿の排泄。

### 諸器官系と惑星
第17段落

諸器官の有機的関連は惑星系のそれに対応。

### 金属と惑星の対応、および種々の薬剤
第19段落

金属は、加熱し蒸気化して投与。

# 訳者あとがき

本書は、ルドルフ・シュタイナーが一九一一年三月にプラハで行った、神智学会員向け連続講演 *Eine okkulte Physiologie* 第五版（全集番号一二八）全八講の翻訳です。原書には特別講演が付録として収録されています。しかしそれは、同時期に開催された一般向けの公開講演「神智学はどのように否定されるか」「神智学はどのように擁護されるか」を補足する内容で、生理学的内容とは離れているので、邦訳では割愛させていただきました。

原題を直訳すれば『オカルト生理学』となります。実際、日本におけるアントロポゾフィー（人智学）運動の最も重要な功労者である高橋　巖氏は『オカルト生理学』のタイトルで本書の翻訳を出版されています。《オカルト》という語の本来の意味は、「隠されたもの」あるいは「隠された叡智」ですので、この単語が本来の意味で理解されるなら、訳者も躊躇なく『オカルト生理学』のタイトルを選択したと思います。しかし、日本語でのオカルトという語には、「怪しげなもの」「非科学的なもの」といった否定的なニュアンスがどうしてもつきまといます。本書はシュタイナー医学の原点でもあり、その内容は非常に真摯です。それゆえ、無用な誤解を避けるべく『秘されたる人体生理』というタイトルにいたしました。

本書では、訳者の裁量で段落番号、中見出し、各講の要約をつけました。段落番号は、原書の段落に忠実です。原文を確認したいときなどにも役立つと思います。また中見出しは、極力、講演内容のまとまりに忠実になるよう努力しました。シュタイナーの論述スタイルは、聴き手（読み手）に積極的な思考を促すものですし、その思考の流れを体験してはじめて、内容に説得力が生まれます。中見出しによって、そうした思考流れに区切りつけられると思います。また、各講の末には要約をつけました。これも一部に読者の助けにはなるかもしれません。もちろん、これだけを見て内容を理解することはできないでしょう。それでも、一つの講を俯瞰する上で、また、内容を反芻する上で役に立つ可能性があると思います。

「シュタイナーの本は難しい」という声をよく聞きます。それゆえ、自分で理解できる個別の断片を各自が自分なりにつなぎ合わせ、それで理解しようとする傾向も見られるように感じます。しかし、断片理解を越えて、話の流れや論理展開にまで入りこんでいきますと、すべての著作、すべての講演でシュタイナーがいかに論理的に、内容を整理して語っているかが分かります。ですから、そうした思考の流れが明確になるように努めつつ、翻訳を進めました。もし読者の皆さんが、シュタイナーが単なるオカルティストではなく、論理的オカルティストであると感じ取ってくださるなら、訳者にとっての非常な喜びです。また逆に、シュタイナーの論理性が感じられないとするなら、その責は訳者が負うべきでしょう。

## 訳者あとがき

一九八〇年代からのシュタイナーの著作や講演録の諸翻訳を見渡しますと、大雑把に次のように言えるかもしれません。初期の翻訳は、シュタイナーの考え方について、何の予備知識も何の具体的助言もなく、ドイツ語を正確に日本語に置き換えていくことで理解しようとしていたように思えます。そうした積み重ねの中で、しだいにシュタイナーの思考に触れ、それを中心に据えて訳されたものが出版されるようになりました。その意味で、私の翻訳は先人の肩に乗せていただき、より遠くを見通すことができたが故にできあがったと言えます。思えば、翻訳を始める前に、高橋巖訳によるテキスト、さらには原文の内容をまとめた二種類のノートができあがっていました。

シュタイナーは一九一一年の本講の中で、人間生体には《二重性》が見られる、と語っています。しかし、一九一〇年台後半、たとえば一九一九年『一般人間学』の中で、人間の基本は《三層構造》であるとも言っています。二重性と三層構造という用語だけを取り出しますと、そこに矛盾があるようにも思われますが、内容を吟味すると何の矛盾もないことがわかります。

たとえば、第一講では脊髄と脳の二重性を取り上げています。しかし、考察を進めるうちに、脳内の脊髄的部分が取り上げられ、実質的には三重性を指摘しています。シュタイナーはこうした事実観察を重ね、一九一七年に初めて『魂の謎』の中で人間の三層構造を提唱します。つまり、シュタイナーは一貫して事実そのものを観ていて、それに対する呼称が時期によって変化しているだけなのです。

シュタイナーはこの連続講演と同時期に『アントロポゾフィー…断章』を著わし、そこで七つの生命プロセスについて触れています。（括弧内は、本書で記載のある章番号）

呼吸プロセス…（第四講）
加温プロセス…（第八講）
栄養摂取プロセス…（第五講）
排泄プロセス…（第五講）
保持プロセス…（第八講：結合組織）
成長プロセス…（第八講：発生）
生殖プロセス…（第八講）

たとえば、《栄養摂取》といった概念にしても、シュタイナーが語る内容は日常的な意味と異なります。それゆえ、シュタイナーの言葉を私たちの日常の文脈で解釈してしまいますと、しばしば誤解に陥ります。ところが『断章』では、この七つの生命プロセスがあることは述べているにしろ、その具体的内容についてはあまり触れていません。ですので、これらの内容を詳述した本書は、上記の概念を理解する上で大きな役割を果たします。

本書の第七講では、《意識的自我機構》《無意識的自我機構》という概念が提示されます。これは『一般人間学』等の教育講演では現れません。しかし、人間生体について考える上では非常に重要な概念で、シュタイナー医学の基本とも言える部分です。この内容はさらに発展させられ、一九二三年二月の講演で発表されました。これは石川公子、小林國力共訳『私たちの中の見えない人間』（涼風書林）として出版されています。また、シュタイナーとイタ・ヴェークマンの共著で医師向けに書かれた『アントロポゾフィー医学の本質』（水声社）も浅田豊、中谷三恵子の共訳で出版されています。合わせてご参照ください。

さて、本書の訳出にあたっては、二〇〇四年から飯綱高原の水輪で開催されたアントロポゾフィー国際医学セミナーでの経験が非常に重要な役割を果たしています。

そしてこれにはちょっとした物語があります。二〇〇三年三月に那須でミヒャエラ・グレッケラーさんの講演が行われました。その際、みふじ幼稚園の高橋弘子先生から通訳を依頼されました。通常なら、ご子息の入間カイさんが通訳をされて当然なのですが、どうしても都合がつかなかったのだそうです。その移動の際に夫君のゲオルク・グレッケラーさんが少し歩きたいとのことで、車から降り、私たちもそれに続きました。その道端で、ある植物が私の目にとまり、その観察についてミヒャエラ・グレッケラーさんと一言二言会話しました。その後の食事の際に、ミヒャエラさんから「日本で開催されるアントロポゾフィー医学セミナーで自然観察の講師ができないか」、というお話をいただきました。しかし、具体的には何が始まるのか何も想像できないまま、「お役に立てるなら」と返事をし、すぐに忘れてしまいました。

その後、二〇〇四年一月にこのセミナーの募集が始まり、私も参加を申し込みましたが、医療関係者でないので参加資格がないとの通知をいただきました。残念に思いつつも現実を受け入れていたところ、しばらくして自然観察の講師兼通訳としての仕事の依頼を受けたのです。こうして、セミナーの場を共有することが許されました。そのときには、この体験が私にとってどれだけの意味を持つかなど、想像もできませんでしたが、今、振り返ってみるとこれは人生の一つの転機でした。認識面では、シュタイナー的自然科学の認識を一歩も二歩も進めることができた点、感情面では、学問的活動における同胞と出会えた点、そして意志の面では、私が進むべき道が明確になった点を挙げることができるでしょう。

その意味で、マルティン＝ギュンター・シュテルナー医師、ハラルド・マテス医師、アルベルト・シュミードリー薬学博士には深く感謝しております。そしてゲーテアヌム医学セクション代表のミヒャエラ・グレッケラー医師には、格別な感謝を捧げたいと思います。

本書の草稿には『アントロポゾフィー医学のための医師会』のメンバーである山本百合子女史、小林國力氏、山本忍氏、志水祥介氏の各医師の方々が目を通してくださいました。また、本書の出版に当たっては、イザラ書房の澁澤比呂子さん、村上京子さんのご尽力もいただいております。謹んで感謝いたします。

二〇一三年 春

森　章吾

## ルドルフ・シュタイナー
## Rudolf Steiner

哲学博士。1861年旧オーストリア帝国（現クロアチア）クラルイェヴェクに生まれる。1925年スイス・ドルナッハにて死去。ウィーン工科大学で、自然科学・数学・哲学を学ぶ。1891年ロストック大学にて哲学の博士号を取得。

ウィーン時代に出会ったゲーテ学者のカール・ユリウス・シュレーアーの推薦を受け、当時22歳だったシュタイナーは、キュルシナー版ゲーテ全集の自然科学論文集の編集を担当した。この全五巻の論文集にはゲーテの形態学、鉱物学、地質学、気象学、光学、色彩論の論文が収められ、シュタイナーはそれぞれにまえがき、脚注、解説を書いている。さらに、ゲーテの認識方法がシュタイナー自身のそれと完全に重なることを知り、ゲーテ自身は明文化しなかった認識論を『ゲーテ的世界観の認識論要綱』としてまとめ、処女作として25歳の時に出版した。後にシュタイナーは、その後40年間、一貫してその方法論を貫いたと述べている。

ゲーテ研究家・著述家・文芸雑誌編集者として, 世紀末のウィーン、ワイマール、ベルリンで活躍した。二十世紀になると、このような一連の活動の成果を踏まえて、「アントロポゾフィー（人智学）によって方向づけられた精神科学」へと足を踏みいれる。スイス・バーゼル市近郊ドルナッハにみずから設計したゲーテアーヌムを建設し、普遍アントロポゾフィー（人智学）協会本部とした。

アントロポゾフィー（人智学）は、二十世紀以降の人類のために、新しい霊的な世界観・人間像への道を開こうとするものである。このような人智学的世界観の根幹は、ヨーロッパの精神文化、特に哲学的認識とキリスト的な宗教体験に内在するものとされる。

現在、シュタイナーの精神科学は、学問領域にとどまらず、世界各地に広がっているシュタイナー教育（自由ヴァルドルフ学校）運動をはじめ、治療教育・医学・薬学・芸術（建築・絵画・オイリュトミー・言語造形）・農業（バイオダイナミック農法）・社会形成（社会有機体三分節化運動）・宗教革新運動（キリスト者共同体）など、さまざまな社会的実践の場で、実り豊かな展開を示している。

『ゲーテ的世界観の認識論要綱』『自由の哲学』『神智学』『いかにして高次の世界の認識に到達するか』『神秘学概論』などの主要著作のほか生涯をとおして6000回に及んだ講演は、全354巻の『ルドルフ・シュタイナー全集』に収められ、スイスのルドルフ・シュタイナー出版社より刊行されている。

## 訳者紹介

森　章吾（もり　しょうご）

1953年　東京生まれ
1978年　東京大学農学部農業生物学科卒業
1978年より　千葉県立高校、生物科教諭（7年間）
1989年　シュツットガルト、シュタイナー教育教員養成・高学年教員クラス修了
1992年　ドルナッハ、自然科学研究コース修了
2006年より　京田辺シュタイナー学校で自然科学エポック講師
2011年より　藤野シュタイナー学園高等部で数学エポック講師
2013年より　北海道いずみの学校高等部で自然科学エポック講師
訳書　『フォルメン線描』、『シュタイナー学校の数学読本』
『シュタイナー学校の算数の時間』、『遊びとファンタジー』
『子供の叱り方』、『音楽による人間形成』
論文　『理念としての原植物』
『モルフォロギーの展開…魚類の考察』
『ゲーテ形態学の方法が示す龍安寺石庭の意味』など
Facebook　「R. シュタイナーから学ぶ」を開設
アントロポゾフィーの深化に向けて活動中


## 秘されたる人体生理


2013年6月10日　初版第一刷
2016年3月10日　第二刷
著者　ルドルフ・シュタイナー
訳者　森　章吾
発行者　村上京子
発行所　株式会社 イザラ書房
埼玉県児玉郡上里町神保原569番地 〒369-0305
http://www.izara.co.jp　mail@izara.co.jp
電話　0495-33-9216, FAX 047-751-9226
郵便振替　00100-8-148025
印刷　株式会社シナノパブリッシングプレス



ISBN 978-4-7565-0121-9　C0010